日韓記者・市民セミナー　ブックレット 7

「キムチと梅干し」
――日韓相互理解のための講演録――

＊目次＊

はじめに

日韓記者・市民セミナー　ブックレット第7号は、「キムチと梅干」―日韓相互理解のための講演録―です。

日韓関係が冷え込んでいると言われ続けています。政治や経済面を見聞きすると確かにそれは否定できませんし、その原因を歴史認識、従軍慰安婦、徴用工問題などに求めることは可能です。

しかし、国家間の関係悪化を口実に、在日に対して執拗にヘイトスピーチを繰り返す、ヘイトクライムに暴走する、ネット上に匿名で韓国、北朝鮮や在日をターゲットに罵詈雑言を吐くという行為は、正当化できるものではありません。また、いい大人たちが売れるからと言って嫌韓本を出したり、大衆受けを狙ったフェイクニュースまがいの「情報」を垂れ流すことなど論外です。

自制心のない行為が「愛国無罪」という動機で始まり、韓国や在日バッシングでストレスを発散、溜飲を下げているとすれば、それはあまりにも短絡的です。「小人閑居して不善をなす」に陥った図は、日本人の品位を落とすばかりだからです。

日本で生まれ育った在日二世以降の世代にとって、キムチも梅干も食生活に根付いた一品です。オンドル部屋はさすがに少ないでしょうが、畳に大の字になって寝転がり、その匂いにも心地よさを感じる人もいます。

国籍以外はほとんど日本人と異なることがない在日と共存し、在日を通して韓国を見る視点が日本には必要です。韓国には過去の不幸な歴史の結果として日本に定住するにいたった在日を通して日本を見る包容力が大事です。

国と国との関係改善は主に両国の政治家が英知を集め、話し合いの中から解決を図るのが筋です。その上で、米中関係改善が一九七〇年代のピンポン外交から始まったように、私たちは自分たちができるところから多文化共生に努めたいと思います。

在日二世の権鎔大さんは日韓両国で約三五年ずつ生活した体験の持ち主です。風速五〇メートル級の厳しい環境にある日韓の現状を踏まえ、「床ざらいして関係をもう一度見つめなおし、よい方向に築き上げたい」と語ります。在日ですらなかなか理解できなかった日韓比較についてのストレートな語り口は相互理解を助けてくれます。

日韓ダブルの尹基さんは韓国の孤児らのアボジとオモニになった韓日父母の思いを引き継ぎ、日本で社会福祉法人「故郷の家」を設立しました。「親孝行の韓国」「思いやりの日本」の文化を介護現場で融合させることを掲げ、「日本人も韓国人も私たち人間の故郷。楽しく長く生きるにはどうすればいいか」という夢に日夜向かっています。

韓国に留学し、これまでに一〇〇回以上訪韓、韓国全土のほとんどを廻ったという八田靖史さん。韓国関連の仕事を二〇年ほど続けています。「ヘアスタイル、メイクをはじめ韓国そのものに憧れを感じている人が増えている。韓国通の若い世代が大人になれば、これからの未来は明るい」と展望を示しました。

二〇二二年二月二八日

一般社団法人ＫＪプロジェクト代表　裵哲恩（ペー・チョルン）

第1講 「わかっているようで、実はよくわからない」
韓国理解

権 鎔大 —— 経営コンサルタント

日本と韓国の関係がたいへん厳しい状況なので心配だったのですが、たくさん集まっていただきましてありがとうございます。

簡単に自己紹介いたします。私は日本で育ち、韓国を知るため、つまり自分のアイデンティティーを探すために、ソウル大学の史学科に留学しました。ソウル大学の助教として働いていた矢先に、大韓航空から話があって航空業界に足を踏み入れるようになりました。そして、アシアナ航空の日本の責任者として約六年間、東京で勤務いたしまして、中国の本部長としても四年間勤務しました。

私は歴史学科出身で、日本と韓国両方の国を約三五年、だいたい同じぐらいの年月で生活しております。日韓両国を、もう少し実感のこもった関係にしていかなきゃいけないということで、主催者からの要請で今日の授業になりました。

いままで本に書いたこと、経験したことを踏まえて、みなさんと一緒にお話をしたいと思います。

今この時こそ、日本と韓国がより深く理解し合うチャンスじゃないかと私は思っております。週刊誌やテレビが、韓国を取り上げています。これは、けしからんことではなくてありがたいことなんです。悪口を言うことは、それだけ関心があるということです。関心があるからテレビも食いつきます。新聞も週刊誌も関心がなければ、これほどの報道は無かったはずです。今、風速五〇メートルぐらいの強度で日韓関係が問題になっておりますが、この際、床ざらいして、日本と韓国の関係をもう一度見つめ直して、より良い方向に築きあげたらと思います。そういう意味では、これは日本と韓国がもう一回考え直せということです。韓国はもっと日本に対して態度を改めよ、あるいは、日本にとっても隣国である韓国を知るチャンスを作ってくれた、というふうに捉えてこの授業を始めたいと思います。

▼几帳面な日本人と大雑把な韓国人

まずウォーミングアップということで、韓国の小話をお話しします。

韓国では今、九五パーセントぐらいが、プリペードカード、電子マネー、クレジットカードで決済できるようになっています。スーパーマーケットやコンビニでは、百円でもカードで処理できます。日本はまだ現金が重要になっておりますが、ソウルではお金が無くても商品が買えるようになっています。

これは何か？　国の脱税防止です。韓国は日本より税金の申告で、正直でない部分が少なくないので、それを防ぐこととIT技術を合体させて、すべての業務をコンピューター処理しているわけです。韓国では納税に不透明な部分があるのでその分税務署というのは、日本で考える以上に、すごくパワーのあるものなんです。

また、今韓国では、法務大臣任命の件についていろいろと騒がれています。日本では警察が捜査権を持っています。しかし、韓国では検察が起訴権と捜査指揮権を持っていますので検察のパワーがたいへん強いのです。その権力を弱めるため制度を改革しようとして、今の法務大臣（曺国 チョ・グク）を任命したのが、文在寅（ムン・ジェイン）大統領の意図なんです。

つい最近、テレビ朝日が『サイン』という韓国ドラマをリメイクしました。そのドラマの主人公の捜査官が韓国では検事で、日本では捜査一課長に置き換えられていました。韓国では直接検事です。これを見ても、どれくらいパワーあるか、ご存知になっていただけると思います。

三番目が新聞記者。みなさん、テレビドラマでご覧になっていると思いますが、韓国の時代劇で臣下が王様に面等向かって「王様、それは違います」「アニオルシダ サンガンママ」と言って直訴する場面をちょくちょくご覧なったと思います。死を覚悟で王様に意見するのですから、韓国においては伝統的に言論はたいへんパワーを持っています。朝鮮王朝実録などをご覧になるとわかると思いますが、言官が王様のすべての行動をチェックし記録に残します。、王様はそれを見ることができないようになっています。ですから王様も、いわゆる「オンガン」（言官）に対して下手に取り締まったり、下手に加勢したりすることができない。それほど韓国ではパワーがあるわけです。

この三つのパワーのある人たち、検事と税務署員と新聞記者が、食堂に食べに行きました。韓国には「割り勘」という制度がございません。無いことはないんですが、ほとんど、誰か一人が出すんです。で、この三人は三人ともそれぞれ俺は偉いんだというプライドを持っています。

さあ、だれが金を出すか？　正確な答えを出した方に、私の本を一冊差し上げます。（笑）いかがでしょうか。検事、税務署員、新聞記者。

（参加者）「レストランの店主」

正解です。本一冊差し上げてください。（拍手）

じゃあ、その心は？

（参加者）「権力者と仲良くしてれば、いつかいいことがある」

正解です。さすがです。先生、私の代わりにここで講演しください。（笑）

そうです。レストランの主人が出しちゃったんです。これがよくあることなんです。日本ではそういうことはないと思いますが、韓国人は情が多いもんですから。韓国レストランへ行く方はご存知だと思いますけど、「ミッパンチャン」といって、基本的なおかずが出てきます。勿論キムチもおかわりできます。ですから韓国人が日本に来て、「タクアンもお金取ります」って言われると、何これ！？みみっちい！！。「タクアンぐらいタダでくれないのか」って。

こういう小さな差があるから、日韓がちょっとズレる。大きな差があれば、最初から違うんだってことで、対処できるわけです。でも、顔が似てる、性格も似てる、箸使ってる、米食べてる、儒教の影響を受けている、漢字も使っている。こういう類似性があると、安心して自分の国の風習や習慣を相手に押しつけてしまう。

そうすると、それに対して反応がないと、「なんだ、この野郎」となってしまう。これが常に日韓関係をこじれさせる。親しみがあるから違いが分からなくなってしまうわけです。

例えば、こういう話があります。日本では、一〇〇〇円とか二〇〇〇円とか、小さな贈り物をお礼として、あるいはお中元やお歳暮として出しますが、そういう場合、ほとんどの方は「ありがとうございました」と言います。大したことでなくても、そういう挨拶をするなり、はがきを出すなり、電話をするなりで、お礼をします。だけど韓国人にいくら高いものやっても、ありがとうどころか、ウンともスンとも言わないですね。

なんだ、贈ってあげたのに。美味しかったとか、気に入ったのか、気に入ってないか…。困っちゃいます。

ところが韓国人は、そんな細いことはどうでもいいよって感じです。その代わり、いざという時に倍返し。半沢直樹じゃないですが、いざ相手が必要な時に必ず倍返しすることで感謝の意を表します。

ところが、日本の方は「それはそれ、これはこれ」ということで、割り切って行かなくちゃいけない。性格的にたいへん几帳面というか、その点、韓国人は当てずっぽというか、山っ気があるというか、ムラがあるというか。この辺の違いが、今の日韓の問題においてもベースにある。葛藤のベースにあるのが、この性格の違いではないかと思ってます。

▼「ゴールポストを動かす」のは　――埋めたい意識のズレ

韓国ドラマを一回でも見た方、手を上げていただけますか？　ほとんど見てますね。韓国ドラマどうですか？

まず、しつこいですよね（笑）。一五八回というのがあるんですよ。高麗時代の『武人時代』というドラマは、一時間物が一五八回もある。

日本のドラマ、フジの増田先生、だいたいどれぐらいのクールですかね？

（参加者）「三ヶ月ですからね。だいたい一二～三回」

日本では多くて一二～三回ですけど、韓国のドラマは一五八、一六〇とか、ざらにあります。しつこいということもありますが、主人公が出てくるまでけっこう時間がかかるんです。幼少の子供が出て来て、五、六回たったあたりにやっと主人公が出てくるというのが韓国のパターン。

つまり、最初から最後まで掘り下げなきゃいけないという、韓国人なりのものがある。歴史的な背景や親との関係、そういうものが全部繋がって行動に出てくる、事件化してくる、いろんなパターンになっている。

最近よく耳にします。、日本の方はよく韓国人に「あいつらいつもゴールポストを動かしてやがる」と言います。韓国人は「そんな細かいこと言うなよ」と言う。日本の方はこれが許せない。約束事を動かしたわけだし、違反したわけですから。

他にも、韓国人的発想について。日本の方は、会議の時間に遅れちゃいけないということで意外と神経を使ったりします。日本の方に比べると、韓国人は会議の時間が少しルーズです。「なぜ時間を守るのか、会議の時間を守ることが会議じゃないだろう」「本質は会議の内容だろう」ということです。しかし日本の場合は約束を守ることから始まります。

テコンドーと空手の場合もそうです。テコンドーには「型」というものがない。こんどのオリンピックでは日本の空手が採用されて、型の種目が追加されましたよね。日本は、型をきちっと修めないと気が済まない。しかし韓国人は、「そんな堅苦しいこと言うんじゃないよ」という感覚なんですね。

どっちが良い悪いは別のことですが、この気持ちのズレが重なってくるとこういうふうな事態になってくるんです。少しでもこのズレを修正して、日韓関係の溝を埋めて行こうというのが、今日の趣旨でございます。

▼湿気の多い日本の気候と地政学

日本人が正確であり約束を守るということの、要因の一つとして日本の気候が挙げられます。また、地政学的な理由も上げられます。

日本は韓国に比べて湿気が多い国です。湿気が多いと、汗がたくさん出ます。汗がたくさん出れば、お風呂によく入らなければいけない。

昔、日本の方は言っていました。「朝鮮人は汚い」「風呂入らない」と。今でも韓国のホテルには、バスタブが無いところがけっこうあるんです。バスタブを作る金が無いからではなくて、乾燥している国ですから汗がべたつかないんです。シャワーでサッと流せば済むだけの話で、このへんの違いがまた、両国の気性にも現れてきているんですね。

韓国ではベタベタということは、そんなに悪い表現ではない。日本でベタベタは、あんまり良い表現ではないですよね。暑苦しい、汗かくとベタベタするから清潔にしなくちゃいけない。

「綺麗」という言葉は、もともと美しいということではなくて清潔という意味です。ですから日本のみなさんは、清潔じゃなきゃあ綺麗じゃないんだという。

ところが韓国の場合は、「そんなに清潔じゃなくてもいいんだよ」となる。韓国では、嫁が姑に点数を稼ごうと思って一所懸命に掃除して綺麗にすると、姑が言うんです「イェヤ、ノムケクッハミョン　ポクタㇻナンダ」（あんまり綺麗にすると福が逃げちゃうよ）。これが韓国的な発想なんです。

日本は清潔に、綺麗にしなくちゃいけない。きちっとしなくちゃいけないんです。ベタベタするのは不潔であり、食中毒にあったりする。

「肌」という漢字は韓国にもあります。しかしこの言葉は韓国では使いません。なぜ？　ベタベタすることに対して、そんなに拒絶感はないからです。

ですから韓国のドラマを見ても、男と女のハグの仕方は日本よりは上手なんです。ベタベタくっついても、乾燥しているからです。

ですから身体的な接触というのは、日本人よりは韓国人の方がたくさんあります。前の大統領、全斗煥（チョン・ドファン）と盧泰愚（ノ・テウ）大統領が収賄で捕まりました。二人が法廷に出て来る時に、手を繋いで来ました。ホモセクシャルではありません。それが「友だち」「ウリ」という概念、「我々」という概念なんです。

韓国人の基本は、日本みたいに一人ひとり、きちっと割るというのじゃなくて、ウリという概念、我々という概念をすごく重要視します。ですから例えば、自分の女房を紹介する時に、「ウリマーヌラ」（我々の妻）という。相手はびっくりしますよ。「私はあなたの奥さんに会ったことが無いの」（笑）。このウリという概念が韓国人にとっては、すごく重要な要素になります。

なぜでしょうか？

韓国は三〇〇〇年の歴史の中で、五〇〇回から一〇〇〇回の戦乱があったんです。異民族から侵略されました。日本は、異民族から本土が侵略されたケースは一回もありません。元が攻めてきた元寇も太宰府あたりで終わった。太平洋戦争も沖縄で終わっている。ですが韓国は、学者によって違いますが、三〇〇〇年の歴史の中で六〇〇回から一〇〇〇回、戦乱に合っているわけです。

そうするとどうなるか。戦争というのは人間と戦うわけですから、相手が強ければ助けてくれてって拝んで、一回ぐらいは助かるケースがあるわけです。しかし日本みたいに、自然災害によって津波が来た時に、いくら「助けて」って言ったってさらわれちゃいます。

だから韓国では、個人が、そしてウリがしっかりしないといけない。そういうベースが地政学的、あるいは環境学的にあるわけです。ところが日本の場合は、災害をどう克服するかは力を合わせなきゃいけない。それが日本の和だと、私は思います。

「日本は天災の国、韓国は人災の国」と、私なりに表現しました。ですから韓国人は人とぶつかり、人と争うことについてはけっこう長けている。三〇〇〇年の歴史が証明しているわけです。しかし日本の場合は、人と争うことはあまり良としない。和を保とうとするわけです。

こういう例があります。私が中国にいた時、中国のテレビで日本のドラマを放映したのを見ましたが、その字幕を見て驚きました。中国人が謝るとき使う言葉「テイブーチー」になりますがやたらと出てきます、日本語の「恐れ入ります」「失礼しました」「すみません」、それが全部、謝罪の言葉に直るわけです。韓国の言葉にしてもそうです。日本の「失礼しました」「恐れ入ります」「すみません」という言葉は、あくまでも潤滑油であって、本当は謝罪の意味ではないけれど、翻訳すると全部「テイブーチー」（すみません）と、重くなるんです。

「恐縮します」は、韓国では「ファンソンハンミダ」っていってすごく深刻な感じになる。ここがまた、日韓のズレなんですね。日本人はすぐ謝りすぐ別のことを言う印象を与えます。

ついでに「愛人」。これは日本では不適切な言葉です。韓国では「恋人」という感じで、中国では「伴侶」「奥さん」。同じ漢字でもこういう違いがあるから、どうしても錯覚してくるわけですね。

▼論理すり替えの根拠

今、韓国では「ネロナムブル」という言葉が流行っています。不適切な関係です。いわゆる不倫です。「ネロ」「ナムブル」、ネは私、ロはロマンスの略です。私がやったらそれはロマンスだよ。「ナム」は他人、他人がやったら「ブル」(不倫だよ)。勝手ですよね。ほんとうに。私が不貞を働かせてもそれはロマンスだけど、他人がやったら不倫だよ、と。俺がやれば正義だ、しかしお前がやれば不正義だというような論理のすり替え。

なぜ韓国では論理のすり替えのようなものが出てくるかというと、韓国は科挙、つまり官吏登用制度、いわゆる高等文官試験というのが中国から導入されたのが、九三八年ですから、もう一〇〇〇年近くになるわけです。試験を受けて偉くなる、その基本が儒教です。儒教というのは最善の理を追求する、正義を追求するという論理ですね。

ですから韓国には、正義のためならば、ゴールポストを少し動かしてもおかしくないという基本的概念があるんです。良いとは言っていません。少なくとも、本質を見極めるためには、正義を見極めるためには、それに合致しているならば、死後でも裁きますということです。

　ですから、法律は遡って罰するということはあり得ないわけですけども、韓国では遡って罰することに抵抗がありません。死んだ人を日本では「仏」といいますが、韓国では死んだ人間に過ちがあれば墓を暴いてズタズタに切って訴追します。これは中国の習慣ですが、それぐらい過去まで掘り下げていく。そういう伝統が制度的にもあるわけです。

　日本の場合は、死んだら全部「仏」ということで水に流しますが、韓国はしつこいんですね。こういうそれぞれの価値観を知っていれば、少し韓国のことについて理解ができ、逆に日本についても理解できるわけです。どちらかと言えば韓国では儒教の影響で「善悪」、日本では武士道の影響で「強弱」に重点が置かれている気がします。

▼似ているのに違うところがたくさんある

　やっぱり、いちばん世界で似ているのは、韓国人と日本人です。最近はＤＮＡの調査がおかしくなっていますが、昔、私が習ったころは、九〇パーセントぐらい日本と韓国は一緒であると、世界でこれだけ一緒のＤＮＡはいません。

日本の社員を採用する時に聞いた話ですが、海外に留学した日本人のほとんどはルームシェアの相手が韓国人だそうです。そして韓国人と一緒に生活するといろんな行き違いがあります。具体例として、お互いに親しくなったところで、日本の女性の服を韓国の女性が無断で着て外出して帰ってきたことがあったそうです。びっくりしますよね。なんで他人のものを…。韓国人の概念としては「ウリじゃないか。何でも分け合う仲なのにけち臭いこと言うな」です。この違いがあるんですね。

それはそれ、これはこれということで、私もソウルで失敗したことがあります。たいへんお世話になった韓国の先輩から、本を買ってきてくれと言われました。日本に行った時に買ってきて、先輩に「お金ください」って差し出した。「はあ?」って私の顔を見てる。贈り物は贈り物として差し上げるけど、本はあんたが頼んだんだから本代ください。韓国人にはこのことが理解できないんです。この小さな差が、お互いをイライラさせるんです。

面白いのは、最近はそうでもないんですが、韓国人は日本人に比べて列に並ばない傾向があります。でも日本に来たら、きちんと列に並んでいます。日本には「やっぱりきちんと並ばなければならない」という雰囲気があるんですね。

韓国から来た駐在員たちにとって、日本生活はすごく楽なんです。特に奥様方は、物価が安いし、隣で文句言う人もいないし、何事につけ安心なので、すごく日本の生活を喜んでいます。韓国ではいろんなトラブルが生じたり何かと騒がしい生活を強いられます。前の申大使は「ソーシャルストレス」と定義しました。

増田さんも、おそらくソウル生活されていて、いろんな絡みや煩わしさがあったと思いますが、日本では自分のペースで動けますし、誰も干渉しない社会なのです。韓国と比べれば。

韓国人にとって日本はは楽でいいんですけど、大きな欠点もあります。。何かご存知でしょうか？　覇気が無くなるんです。

韓国では「虎の牙が抜かれる」というふうに表現するんですが、あまりにも平和すぎて、あまりにも楽なものですから、発奮するチャンスが無くなるんです。韓国だとなんかでぶつかったりトラブったりして衝突することがただあります。、そこにエネルギーが溜まります。

そうすると、いさかいで「なんだこの野郎、よーし、頑張ってあいつを見返してやろう」ということになる。一〇〇〇回近い戦乱に合ったことによって、ぶつかることに抵抗もなく、儒教のおかげで喋ることにも慣れています。

ですから、日本の大使をなさった方曰く、「国連で日本人と韓国人、顔が一緒だからわからないけど見分ける方法がある。一〇〇のことがあるとしたら、韓国人は一二〇喋る。日本人は八〇しか喋らない。八〇しか喋らなのが日本人だ」という話です。

韓国人は喋る、話す。これが儒教において、あるいは政権維持においてすごく重要な要素になるんです。日本は、昔ありましたよね。「男は黙って、なんとか」って。寅さんでも、「それ言っちゃ、おしめえよ」。韓国は「それ言わなきゃ始まんねえよ」って話なんですね。

ですから日本人が韓国人と付き合うと、日本人が損するんです。気を使ってね。しかし韓国人はそういうことはあまり気にしない。利己的。自分の利益を優先するわけです。

例えばこういう話もあります。ミカンが沢山あって、食べているうちに一つ残りました。日本の方は、食べたいけど周りを気にし控えます。韓国人は「ウエントキニャ」（なんで誰も食べないの）っとほおばるのが普通です。このへんの感覚、日本で言うと無神経だということになりますが、「自分の気持ちに正直に従ってなにが悪いの」という感覚、このズレですよね。

▼韓国の突破力と日本の正確さが合わされば

先ほどの湿気の話に戻ります。日本は湿気が多いために、綺麗、清潔を保っていく。綺麗、清潔、こういうふうに割っていくと、そこには正確に物事を捌いていく匠という特徴が出てきます。日本製品の世界一的な要素というのは、日本人の誠実さと正確さから来るんです。

ところが韓国の場合は、「ケンチャナヨ（アバウト）」がありまして、平等院のような左右対称的な物はわざと作らない。「正確に物事を判断して、何が面白い？」というのが、韓国人の発想なんです。

先ほど話した日本の割り勘という概念は、正確に物事を進めることで楽なんです。日本では必ず割り勘ですよね。でも、どうも韓国人にはなじまない。韓国人の場合は、誰か一人が出して、次は誰かが出す。そうすると、「すまないな」という気持ちがあって、次は誰かが出すということで、情が一巡りするわけです。しかし日本の場合には、きちっとそこで終わっちゃう。情がはさむ余地が少なくなる。

ですからこの思いの違い、感情の入れ方の違いによって変わってくるわけです。

これをもう少し、みなさんが知っている具体的な例で言いますと、二〇〇二年のワールドカップで、韓国は四強まで行きました。日本があれと同じような状況だったら、四強まで行けたか？行けなかったと思います。日本は決勝リーグまで進出したから目標を達成したということで、そこで止まってしまった。しかし韓国は、「おう、やってみたら大したことねえじゃねえか」。人を呑んでかかってくる。

韓国人は人への当たり方、戦い方が上手です。そこで勢いに乗って行くけど、予定調和の日本は決勝リーグ進出で目標を達成し終わるわけです。

もう一つ。ゴルフは女子が強いですよね。しかし、日本は韓国以上の競技人口があるにもかかわらず、差が出てくる。野球なんかいい例です。今は日本もだいぶ減ってきましたけど、高校野球部が少なくなったとは言っても約五〇〇〇。韓国では一〇〇も無いんですよ。だけど、オリンピックで金メダル取ったりする。

マラソン。今、大迫、設楽、前田、中村と、日本のマラソンはたいへん活性化していますが、韓国はバルセロナで金メダル。その次のアトランタで銅メダル、マラソン人口とかを考えたら、韓国が金メダル取れるはずがないんです。

いちばんいい例がキムヨナ。彼女がいなくなったら韓国の冬（冬季スポーツ）は何もない。日本は後から後から、紀平や、いろんな人間がどんどん出てくる。底が広い。韓国は底が浅いんです。浅いけども、先ほどの「ケンチャナヨ」というか曖昧にするからこそ、いざという時には集中できる。スポーツでは裾野の人口が少なくても、本番で力を発揮する。浅田真央があれだけの点数取ったら、次のキムヨナはプレッシャーで負けるはずなんだけど、図太く金メダル取っちゃいましたよね。こういう違いがあるんです。

韓国の突破力と、日本の正確さと和。これが合わされれば、アメリカにポチと言われることはないと思うんです。中国とも同じです。

日本と韓国がお互いの良さを足して、欠点を補って組めば、アメリカに対しても中国にも強いことが言える。そうすることでバランスが保たれる。中国をやっつけるとか、アメリカをやっつけるということではありません。キャスティングボードを握れる。そういうバランス関係を前提にした時に、日本と韓国が今いがみ合っていいのかな、と思うんです。

だけどこれは、ある意味で、神様がくれたチャンスだと思いたい。思うべきだと思います。

なぜか？　ナアナアでやって来た、それをガラガラポンにしたわけですから。

慰安婦の問題に対して日本は、「これは国際法にも条約にも決まって、終わったことじゃないか」と言うけれど、被害者の感情はそれでは終わらないということも、また事実なんですね。

ここを汲んでいただくと、韓国人の肩から力みがとれるというふうにもなるわけです。

まず、日本と韓国、仲良くしましょう。これは普通に言う親善とか、儀礼的な言葉ではございません。なぜ秀吉が、なぜ日本軍が韓国を侵略しましたか？　それだけの利益があるから侵略したんでしょ。

『週刊ポスト』が「断交しましょう」「断交しても日本に損はない」というけれど、断交して損失がないんだったら、なんで過去に侵略したり進出したりしたのかということです。それだけの地政学的、経済的な利点があるからです。そして安保の問題があるからです。

朝鮮戦争で、共産勢力が全土を席巻し釜山しか残ってない時に、アメリカが仁川（インチョン）に上陸して形勢を逆転させました。そこで朝鮮半島が共産化して、対馬まで五〇キロの距離に共産圏があったとしたら、日本はどうします？　国防費はメチャクチャ大きくなったはずですよ。

それから大震災の時に、いちばん早く駆けつけたのは韓国じゃないですか。近いからです。小松左京の小説にありましたけど、日本が沈没したらいちばん最初に逃げて行ける場所はどこですか？　韓国じゃないですか。朝鮮半島じゃないですか。

そして、人間は往々にして自分がわからない。日本を鏡にして、韓国を鏡にして、それぞれが己を知る。その術（すべ）として、反面教師として、付き合ってきてもいいんじゃないかということです。ですから、「断交しろ」は、日本からしたら国賊、売国奴ですよ。利益があるのに、なんで断交しなくちゃいけないんですか。逆説的な話ですけど。

最後に、孫基禎先生の本の一節を読ませてもらって、終わりたいと思います。

「ライバルとは敵のことではない。自分を高めてくれる、尊敬すべき仲間のことである」

これを象徴したのがスピードスケートの小平奈緒と李相花です。李相花はそれまで女王でした。小平はその後を追っかけていき、そして平昌（ピョンチャン）で逆転した。あの慰め合い方、労わり方、気の配り方、これが本当の日韓のあり方じゃないですか。いいチャンスじゃないですか。この際、もう少し、お互いに知り合って、お互いのことを勉強し合って、悪いのは悪い、正しいのは正しいというふうにして、隣国同士、新しい目標に向かって進めればいいなと思います。

ありがとうございました。カムサハムニダ（拍手）

〔質疑〕

（Q）韓国では「恨」（ハン）という言葉がありますね。私はその意味が、ずっとよく分からなかった。韓国人というのは恨み深い民族なのかな、日本人をいつまでたっても恨んでいるのかなあと思っていたんです。そしたら韓国の人が、「恨というのはそういう意味ではない。虐げられた民族が、それを克服するエネルギーであって、別に日本人を恨むっていうことではないんだ」と。それで私も納得したんです。

今回、私は「恥」という言葉を、感じたんですね。河野外務大臣が、韓国大使に恥をかかせた。これこそ無礼千万です。

だけどある意味では、韓国の人も相当、日本人に対して恥をかかせているのかなあと、感じるんですね。こんなことは、お互いにやめた方がいい。恥をかかせ合うことは何の得にもならない。特に海外でお互いの悪口を言い合う、こんなことは恥ずかしいことじゃないかと思うんですね。

そこで聞きたいのですが、「恥」は韓国ではどういうふうに捉えていますか?

(A) 韓国でも日本と同じく、恥に対してはその概念通りですが、先ほど言ったように、自分たちが持つ正義というものがあって、それに基づくものであれば、恥は相手に与えてもいいんだという部分があるんです。

もうひとつ、今、お話しくださった原田さんは、八〇年代にNHK特派員としてソウルにいて、韓国ドラマの日本ブームの火付け役になった方です。そういう意味では感謝致します。

（Q）私もソウルに一三年ほど住みましたけれど、韓国人はしつこいんだなという疑問がずっとありました。アシアナの本社の二階にペヨング建設があるんですけど、そこをバスで通った時、そのマンションを買った人たちが、デモをしているんですね。日本ではみえないです。自分たちの家を恥さらして言うことは大変です。あの光景を見て、権さんがお話しした、「恥なんて構わない」「自分たちが正しいなら言うんだ」っていうのが韓国人だということがわかりました。

ここが違う。反日感情で言っているのではなくて、それは自国韓国に対しても同じなんですね。そこをわれわれが理解できないと、すべて「反日」という言葉で、一緒にすると関係がこじれるんじゃないかと、僕は感じました。夫婦喧嘩ひとつみても、外に出すんですね。権さんの奥さん、どうですか？（笑）

（A）一方的に負けていますからね。喧嘩にならないです。韓国の女は強い。（笑）韓国に（亭主関白）という言葉はありません。

（Q）自分は韓国が好きですけど、韓国人と日本人、そこがちょっと違う。日本人は恥というのは内に持って、外に出さないですよね。韓国ではそこは違うと…。ショッキングだと感じたんで、ちょっと付け加えてお尋ねしました。

司会

最後に権さんが締めくくりの言葉として、日韓のライバル関係の話をしましたけど、それに基づいて、孫基禎さんの本を今年の四月に出版した明治大学の寺島先生、今日のこの講演会の感想を。

（寺島）『評伝　孫基禎』を出していただいた寺島でございます。今、日韓関係は冷え切っていますが、どうしたら正常というか、友好・相互理解を深めることができるかということで、孫基禎先生の言葉とか行動とかを書いたつもりです。

やはり、まず相手をよく理解することです。私の友人で一二〜三年、韓国の硫酸化学というところの副社長として赴任した人がいます。韓国の人が日本に来るとたいへん快適だと仰っていましたが、私の友人も韓国にいて、嫌な思いをしたことは一つもないと言います。韓国の人はたいへん親切だったし、何の軋轢も無かったと言っていました。

だからやはり、相互理解をきちっとするということが、まず大事だと思います。

もう一つ、私が初めてソウルを訪れた時に、彼が連れていってくれた所が二箇所ありました。一つは閔妃（ミンピ）の墓です。もう一つは、警察の監獄です。これが日本と韓国の原点になっているところだから、よく理解をしてくださいと。牛島君というんですけど、見事でした。僕は歴史を学ぶ時に、閔妃の墓を知る、そしてあそこの監獄を知る。鳩山さんがあそこで膝まずいたそうですけど、膝まずかなければいられないような、過酷な現実があったわけで、その二つをまず理解して、日韓の相互理解を深めていくことが大事だと思います。

（日韓記者・市民セミナー　第二回　二〇一九年九月二五日）

第Ⅱ講　キムチが食べられる老人ホーム・故郷の家

尹　基 ——— 社会福祉法人理事長

「尹致浩・千鶴子、そして尹基へ」

一九二八年、韓国が民族受難の時代にあった日本植民地時代。キリスト教伝道師尹致浩（ユン・チホ）が木浦で、七人の孤児と共に生活を始めた。朝鮮総督府の官吏の娘として木浦にいた日本人、田内千鶴子が尹致浩の活動に共鳴し、共生園での奉仕をスタート。やがて二人は夫婦になり、大勢の孤児らの父と母になった。だがその後、子どもたちの食料を調達に行った尹致浩が行方不明に。遺された千鶴子は夫の遺志を継ぎ、韓国に留まり五六歳で生涯を閉じるまで三千人もの孤児らを育てあげた。千鶴子の思いは長男の尹基（ユン・キ、現こころの家族理事長）に引き継がれ、韓国では共生福祉財団として発展。

日本では、尹基が理事長となって在日韓国老人ホームを作る会、そして社会福祉法人「こころの家族」が活動。祖国を離れたお年寄りにふるさとのぬくもりを感じさせる老人ホームを建設するという、画期的な試みを続けている。

——「故郷の家」ホームページから転載

尹でございます。「日本人も韓国人も我々人間の故郷」――これは「故郷の家」のテーマです。多くの方が「故郷の家とはなにか」と質問します。特別養護老人ホームは国の法律に定められていて、サービスも人員配置も建物の基準もみんな一緒です。何が違うかというと、雰囲気。そして、韓国人のスタッフがいるというところです。建物を韓国風に建てたから韓国の老人ホームではなく、韓国の生活習慣を理解する人がそこに居るかいないかということが肝心なことだと思います。

在日の方に職員になっていただくと、ハングルを知らなかったり、韓国の生活習慣を知らなかったりする場合があります。それを補足するために、研修プログラムを企画、韓国の福祉の専門家たちをこの三〇年間で千人近く、故郷の家に招いて実習しました。いろいろ大変ですが、職員たちは新鮮な韓国の文化を持ってお年寄りに接し、日本の職員ができない部分をしてくれる。それで長続きできたんじゃないかなと思っています。

故郷の家の望みはアイデンティティの回復です。たとえば韓国の漫画を見たいといった素朴な願いを叶えることがとても大事なことではないかと思います。

それが結果として、韓国と日本の共生に繋がるし、また和解に繋がるのではないかなと思っています。

初めのころ、在日コリアンの老人ホームを考えていたんです。そしたら、「尹さん、違うんじゃないの」「それは逆差別だよ」と言われました。地元の日本の方を受け入れず、韓国人だけというのはやはり違う。「あっ、それも一理あるな」ということで、キムチと梅干しになりました。役員も日本人と韓国人、職員も日本人と韓国人。こういうふうに構成しました。

●在日、ふたつの文化

一番の誇りとしてサービスしているのが、「ハングルと日本語」「キムチと梅干し」「アリランと演歌」です。堺に施設を建てた時、在日コリアンの方が来て、「ここにはオンドルはあるけど、どうして畳がないのか」と怒られました。在日には二つの文化が必要だということを教えられました。

今はまだ世界一のサービスになっていません。そのビジョンのために、皆さんに教えてもらいたい。知恵を集めたいのです。「親孝行の韓国」「思いやりの日本」の文化をこの介護の現場でどう融合させるか。どうしたら、みんなに感動を与え、家族にも安心を贈ることができるかを考え、これから取り組んでいきたいと思っています。

これはなにげない写真（スクリーンの誕生会）ですが、日本に生まれた嫁、娘からはこういう挨拶を受けたことがないわけです。職員たちが写真のような挨拶をすると、なんとも

誕生会
생신잔치
毎月の誕生日
きれいに着飾って
皆からの祝福
故郷の家
コリアジャパンデイ
코리안・재팬데이
開設日を記念して開催
개설일을 기념해서 개최
お年寄り、家族、
地域の住民が、
両国文化を楽しみます
堺 11月
大阪 6月
神戸 10月
京都 5月
東京 11月

スクリーンに映し出された「誕生会」と「コリアジャパンデイ」の写真

言えない、胸がいっぱいになるのが高齢者の方々です。

初期には地域にオープンする「コリアンデイ」を始めました。日本の方も利用するようになって、「コリアジャパンデイ」になりました。さらに、多文化の東京にできたので、「多文化フェ

スティバル」になりました。

●足らないボランティア

一番、故郷の家で足らない部分がボランティアです。韓国は法律に基づいて、小学生、中学生、高校生が、ボランティアをしないと大学進学の時に点数が足らないので、列をつくって並んでいるんです。日本は自由に任せている関係で、小学生、中学生、高校生のボランティアが韓国ほどではない。在日の皆さんも、忙しいので、ボランティアがなかなか難しいです。

ある一人の人のために、ある人と散歩するために、ある方とコミュニケーションを取るために来てくれる、そういうボランティアシステムができれば、どんなにいいかと思います。

●まず地域、そして自立が大事

韓国の場合は地域との関係がありまして、社会福祉館とか福祉施設に行くと、自分が住む地域にどういうものがあるのかを絵で描いてあります。まず地域を知った上でのサービスです。

日本で教育を受けた職員たちを見ると、「ここは老人ホームです」と言うだけで、地域の方が保育所のことを聞いても「私達は知りません」と答えるばかり。これでは、福祉施設の職員として困るんじゃないかと思います。

まず地域のことを勉強してもらいたい。地域との関係をどういうように考え築いていくのか。これが成功している福祉施設の姿ではないかなと思うんです。

私は一生懸命職員に訴えますが、なかなかそれができてない部分もたくさんありますが、そうあるべきだと思っています。

それからマイノリティについて、韓国と日本の歴史を説明します。そして、「お年寄りにも夢がある」「何でもしてあげることがサービスじゃない」「残った部分を、お年寄りが自立できるようにするのが大事なんだよ」と話します。

長く生きるより、楽しく長く生きるにはどうすればいいのか。それが、施設が目指す夢であり、自立、文化ですよと職員に説明しています。

「故郷の家」では韓国が福祉の先進国です。先進的な木浦（モッポ）共生園に研修に行きます。韓国の福祉館などに行って勉強して帰ってくるのも一つのプログラムです。

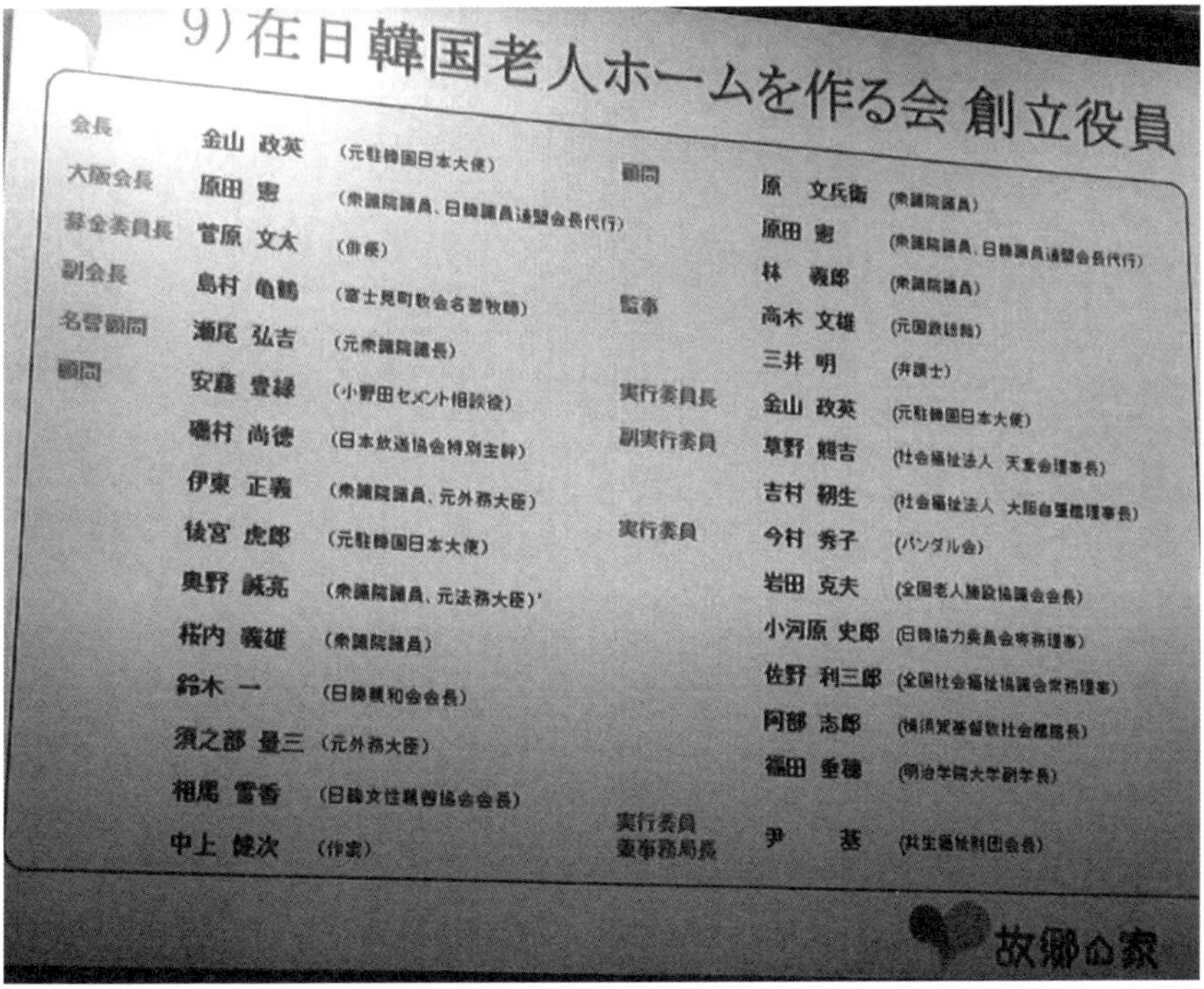

●京都、鶴橋、神戸、東京へ進出と寄付文化

私は在日韓国人の老人ホームをつくりたいと、朝日新聞に投稿しました。日本のリーダーが先頭に立たないと響かないということで、こういう方々（スクリーンの名簿）にお願いして、納得していただきました。この面々から見たら、五〇ヵ所はつくってもよかった。力が足らなくて申し訳ないという気持ちです。

京都が一番成功しています。利用者の七割以上が在日コリアンです。

戦前から保護育成会というものをつくって、法務省管轄の施設で、金有作（キム・ユジャク）という民団の元団長が理事長です。先日、「会いましょう」ということで会いましたら、「隣に土地がちょっとある。今は駐車場で、月にいくらか収入があるけれど、汗を流して苦労して在日が残したその土地が駐車場では申し訳ない。だからぜひ、故郷の家・京都西院という名前でつくってください」と言われました。

大阪の鶴橋の付近にもなんとか立ち上げたいと、今苦労しているんです。神戸には非常にありがたいことに、三ツ星ベルトという企業が隣の土地をくださって、三年後には田内千鶴子アカデミーができるように、手続きしているところです。

東京は五回挑戦しました。五回目にできたのですが、三分の一成功、三分の二失敗じゃないかと思っています。と申しますのは、施設の利用窓口から区役所を通るようになっていて、区民でないと利用できない。百も承知しています。ところが、ケアハウスの場合は、法人が利用者を選択できるので、三〇人の枠は韓国の方も受けるようにしました。満足ではないけれども苦戦して頑張っているところです。

一九八八年当時は、韓国人の老人ホームだったので補助金がありませんでした。じゃあ、私達の手で在日コリアンの老人ホームを建てましょうということになりました。「一万円を出してくれる人が三万人いたらできる」というキャッチフレーズで、堺の時、七〇〇〇人が集まってできました。故郷の家は、市民がつくりました。

皆さん方は、日本が先進国だと思っているかもわかりませんが、最近の状況を見ますと、韓国が進んでいる部分が多くあります。特に寄付文化です。例えばセイブ・ザ・チルドレンというＮＧＯの韓国の理事長は国連大使をなさった方で、話を聞くと、世界の中で韓国の募金実績は八番目なのに日本は一六番目、韓国の募金額の四分の一だそうです。今は韓国の共同募金会が、日本の共同募金会に募金の技術を教えているのが現状です。

●共に生きる一つのモデル

在日が減って五〇万人だとしても、島根県や鳥取県の人口に迫ると考えれば、在日に対する福祉はもっともっとしなきゃならないと私は訴えています。

多くの在日の方が、「尹さん、私が歳とったらこの施設を利用するかどうか分からないけど、我々のために施設があるんだという安心感で生活ができる」と言われます。安心という言葉をよく聞きました。

日本の社会は、高齢化社会です。共に生きていく、一つのモデルを日本の福祉の方にも提示できたのではないか。「韓国から尹さんという人が来て、故郷の家をつくるのを見た。うちもやるべきじゃないか」と刺激を与えて、関心も高めるという効果があったんじゃないかなと思っています。

日本に来て老人ホームをつくろうとした時、アメリカ人の老人ホームだったら財界が協力するけど、在日の老人ホームは誰も応援しないよと言われました。できると言う人よりも、できないと言う人が多かった。

そのとき、私の心から離れなかったことは、全部が親切じゃなくてもいい、一パーセントでもその心を集めればできるのではないかということでした。実際、いろんな方に会ってみると日本人は親切なんです。ともかく親切な日本人はいると信じたことが、故郷の家ができる一つの力になったんじゃないかなと思います。

●母・尹鶴子（ユン・ハクチャ）のこと

私は、園長の息子だと言われ、孤児たちからいじめを受けました。「チョッパリ」だと。「あなたのお母さんは日本人だからこの国に住めないよ」「日本に追い出されるよ」と言われました。母から、そうではないんだという返事を聞きたくて、走って行っても、母は何も言わなかった。（注）

一人娘の母は、韓国で孤児の世話をして、自分の母親が高知で老人ホームに入ったという手紙を読んでも、日韓国交断絶で高知には行けず、海を見ながら泣いていました。

私が一生懸命休まないで走るのは、母に申し訳ないことをいっぱいしたからです。その罪滅ぼし、本当に悪い息子だったと思っているんです。

『主婦の友』に、母の手記が載っています。「私の唯一の願いは、共生園を卒園していく子供たちに職を与えることだ」と書いています。一八歳になったら社会に出ていかなきゃならない。自分一人で全部解決していかなきゃならない。でも、できずに戻ってくるんです。だから母の一番の悩みは、せっかく育てた子供たちが挫折して帰ってくることで、その子たちに職を与えるのが、母の唯一の願いだったんです。

私が二六歳で共生園の園長になったときのことでした。夜寝ている時に喉が冷たいんです。覚めてみたら、卒園生が刀を私の首に当てていました。孤児の苦しみ、孤児の悲しみ、孤児の立場を世間は知らないと。園長殺して新聞に大きく載ったら、孤児の気持ちわかるだろうと…。それで泣いているんですね。

「殺しに来たけど、あなたのお父さんは行方不明で、お母さんは亡くなって、あんたも孤児じゃないか。かわいそうで殺せなかった」と言いました。

私も孤児だから、命が助かったと思いました。でも考えてみたら、人間は子供の頃に孤児になるか、大人になって孤児になるかの違いがあるだけで、みんな孤児なんです。

●地域開発のための社会福祉

しかし、私はとっても幸せな男だなと思います。

社会福祉を勉強すると言ったら、母は泣きながら「この仕事は父と母で終わりたい」と言いました。小さい子供が大きく育ったら、また新しい子供が入ってきて、また入ってきて、この仕事には終わりがない。ベートーヴェンの未完成の作品のようなものだと言うんです。

共生園の跡を継ぐつもりで社会福祉を勉強しようと考えていたら母の言うこと聞いたと思います。実は韓国社会が良くなるためには農村開発が必要だと考えて、地域開発のために福祉を選びました。そして、その道に入ったことが、私には最大の幸せでした。

●菅原文太さんと「健全な野党」

菅原文太さんが「新聞は読みましたよ」と言いました。「一番難しいことをやらせてください」と申し出てくれたのです。

「一番難しいことは金集めですね」と答えると、「じゃあ募金委員長を引き受けます」と言いました。

「文太さんは、どういう俳優を尊敬していますか」と聞いたら、「ポール・ニューマン」と言われました。ポール・ニューマンは世界の親のない子供たち一〇人の里親だとお話ししたら、「尹さん。それなら私は木浦の共生園の里親になりたい」と言いました。

それで、双子の小学生だった子供を里子に決めたんです。今はみんな結婚して母親になっています。そのときの文太さんの「尹さん。私が共生園の子供の里親になりたい」と言って、木浦に行ってくれたことを忘れることができません。

私が何かをやろうと思ったら、家内と娘は全部反対です。そして、徹夜して説明をすると、賛成に回ってくれる。

一生懸命説明をしているうちに、考えもしなかった良いアイディアが生まれてきます。だから反対というものは必要です。私は理事会で「健全な野党だ」と、こういう表現をしているんですけれども、その健全な野党のおかげで、大きくコケることなく、守られているんじゃないかと思っています。

ありがとうございました。

（日韓記者・市民セミナー　第一八回　二〇二〇年一一月一八日）

＊注　尹鶴子（ユン・ハクチャ　田内千鶴子）

　韓国で孤児救済のために生涯をかけたクリスチャン。高知県高知市若松生まれ。一九三八年、朝鮮植民地時代の全羅南道木浦市で、キリスト教伝道師尹致浩（ユン・チホ）と結婚。孤児救済に生涯をかけ、三千人の孤児を守り育てた。「木浦の母」「韓国孤児の母」と呼ばれる。一九六五年韓国文化勲章国民章を受章。その生涯は日韓合作の映画『愛の黙示録』（一九九五年）で広く知られることとなった。

第Ⅲ講　『韓国ドラマ食堂』の話

八田　靖史 —— コリアン・フード・コラムニスト

コリアン・フード・コラムニストの八田靖史と申します。

昨年（二〇二〇年）一二月に、『韓国ドラマ食堂』（イースト・プレス）という本を出版いたしました。世間では、第四次韓流などと言われておりますが、振り返ると、二〇〇三年〜〇六年ぐらいの「ヨン様」の韓国ドラマブームを第一次。二〇〇九年〜一二年ぐらいのK・POPブームを第二次と呼びます。KARAや少女時代が二〇一〇年にデビューしました。

それに続く二〇一六年〜一八年ぐらいのブームは、大人にはなかなか見えにくくて、一〇代二〇代の若い女の子たちが韓国に興味を持って、BTSや、TWICEなどのK・POPを聞いたり、韓国式のメイクをしたり、ヘアスタイルを真似たり、ファッションに身を包んだりしました。それを写真や動画に撮って、SNSなどで拡散し、「映え」を共有したのが大きなムーブメントになりました。韓国料理の分野ではチーズタッカルビという大ヒット商品が生まれました。これを第三次と呼び、それに続く二〇二〇年以降が第四次韓流ブームです。

『韓国ドラマ食堂』（2020 年刊）

　第四次は、コロナ禍の中で外出が制限され、ステイホームをする中で、「Ｎｅｔｆｌｉｘ」など

の動画配信サービスが人気を集め、『愛の不時着』や、『梨泰院（イテウォン）クラス』といった韓国ドラマが面白いと盛り上がった現象を指します。

私は韓国関連の仕事をして二〇年ほどになります。留学時代は韓国ドラマを見ていましたが、コリアン・フード・コラムニストとして、グルメの方に全精力を費やしてきたために、韓流以降はほとんど見ていません。韓国にも、新大久保にも行けない状況が続き、じゃあ家で久しぶりに韓国ドラマを見てみようかと思ったらハマってしまいました。

韓国ドラマにはたくさん食べるシーンが出てきます。おいしそうなものをみんなで食べているのが見どころの一つです。それで、この場面に出てくる料理はこんな料理で、こういう背景があるんですよと、ＳＮＳで発信していたところ、出版社の方からお声をかけていただきました。共著者である韓国料理研究家の本田朋美さんがドラマに出てきた料理を再現して作り、私は料理の背景にある物語の伏線ですとか、あるいは食を通じて見えてくる韓国文化などをコラムとして書く。そのような役割分担でこの本は出来上がりました。

今日は本の中から、いくつかドラマをピックアップして、コラムに書いた料理とドラマの関係、ドラマの料理から見える韓国文化、あるいはセリフだけ登場して実際の映像には出てこなかったけれども、実は劇中の世界と関わりの深い料理などを、写真で見ていただきながらお話させていただこうと思っております。

＊料理と分かち難い地理や歴史

私は一九九九年にソウルへ留学して韓国語を学び、韓国料理の魅力を知りました。大学に復学したあと、在学中の二〇〇一年よりコリアン・フード・コラムニストという肩書きで、韓国の食文化、料理を発信してまいりました。普段はライターとして文章を書く仕事が多いですが、時折こうやってお話をさせていただくとか、今はちょっと行けませんが、旅行会社と一緒に「グルメツアー三泊四日、韓国美味しいもの巡り」といった感じで、お客様と一緒に韓国の地方をめぐるようなことをしております。

これまでに一〇〇回以上、一三一地域、韓国のあちこちを巡りました。得意としているのはソウルの最新の流行よりも、ご当地でしか食べられない料理です。それが地元の特産品と結びついているとか、歴史的なエピソードにまつわるとか、料理の背景を調べてお伝えするのを得意としています。

それぞれの料理がなぜその地域で愛されているのかを紐解くと、その土地の地理や歴史と結びついていることが非常に多いです。この本では一九作品、二三料理を取り上げましたが、ここでは第四次韓流を象徴する『愛の不時着』と『梨泰院クラス』を厚めに、登場した料理を通じて私の普段の活動紹介を兼ねさせていただこうと思います。

とき折しも三年前の本日、二〇一八四月二七日に板門店宣言が出されました。金正恩委員長と文在寅大統領が「パンムンジョム（板門店）」の軍事境界線を行き来したり、晩餐会では「ピョンヤン（平壌）冷麺」を食べたりしました。それをきっかけとして韓国ではピョンヤン冷麺ブームが起きまして、北の食文化への関心が高まったのですが、それが『愛の不時着』のような北の文化を紹介するドラマの土台となっていったと思います。それが日本でも流行ったことで、朝鮮半島の南北がどう違うのか、食文化や暮らしはどうか、関心を集めたのは非常に大きいことだったと思っております。

『愛の不時着』をより深く観ていくと

本書では、『愛の不時着』に登場した「カンネンイグクス」と北で呼ぶ、トウモロコシの麺を使った温麺を取り上げました。主人公のヒョンビン演ずるリ・ジョンヒョクという北の将校が、パラグライダーに乗って飛ばされ、三八度線を越えて北に不時着してしまったヒロインのユン・セリに振舞った手料理が、こちらの料理です。

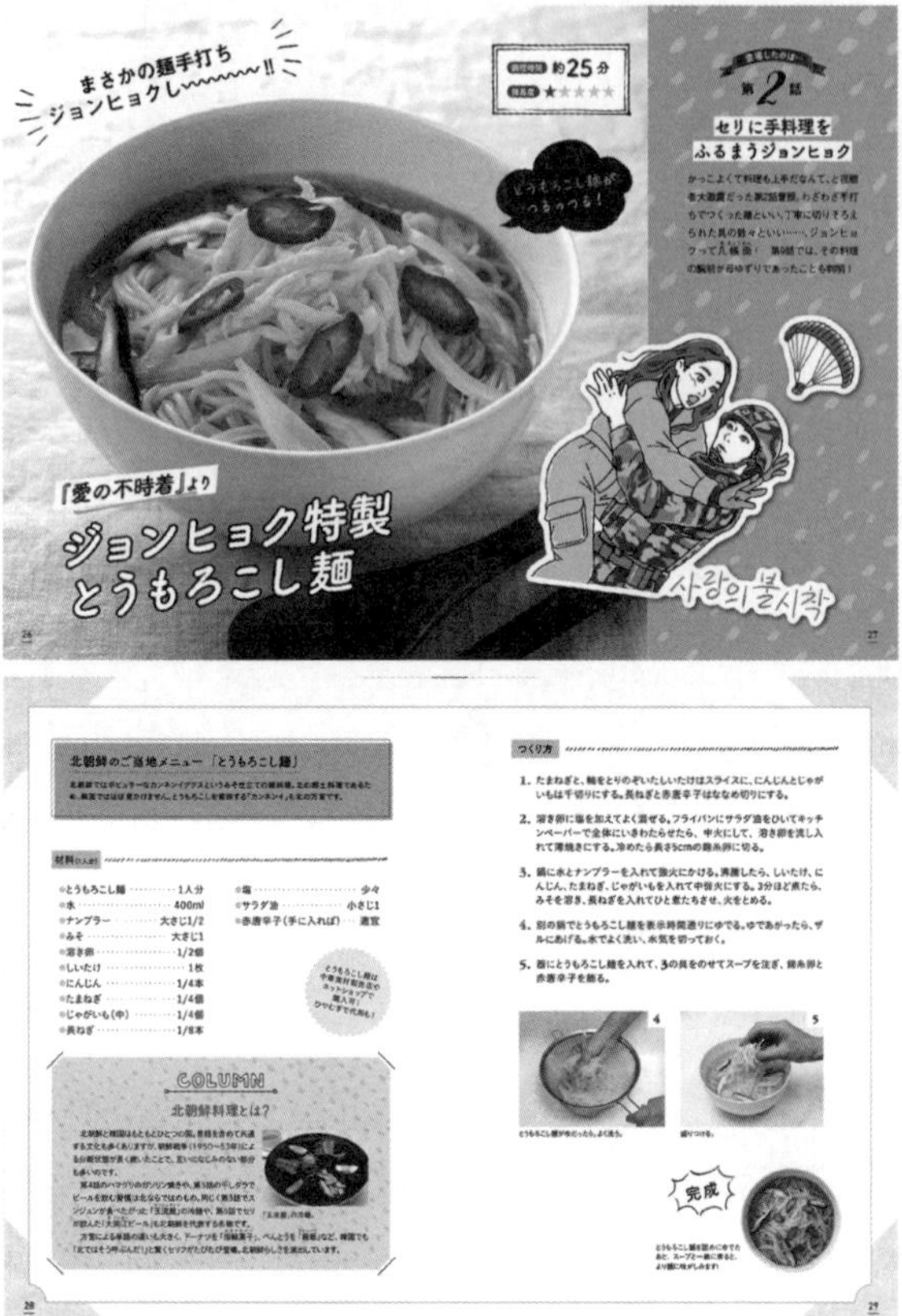

『愛の不時着』に登場したカンネンイグスクとレシピ

本の中では、こんな感じでレシピを載せています。実際の料理と、登場シーンのイラスト、日本の家庭で作るにはどうしたらいいかです。なかなか手に入りにくい食材もたくさんありますので、本格的な韓国料理というよりは簡単に再現できるよう工夫しました。第四次韓流で初めて韓国にハマった人を想定して作ったレシピです。

ですから、タイの調味料のナンプラーなど代替のものを使用しているので、韓国に非常に詳しい方には「本格的なの？」と思われることもあるかもしれませんが、第四次韓流で初めて韓国文化に触れた人を対象とする意図を汲んでいただければと思っています。

＊軍事境界線と互いのルーツ

ドラマの背景についても、基本的なところから書きました。

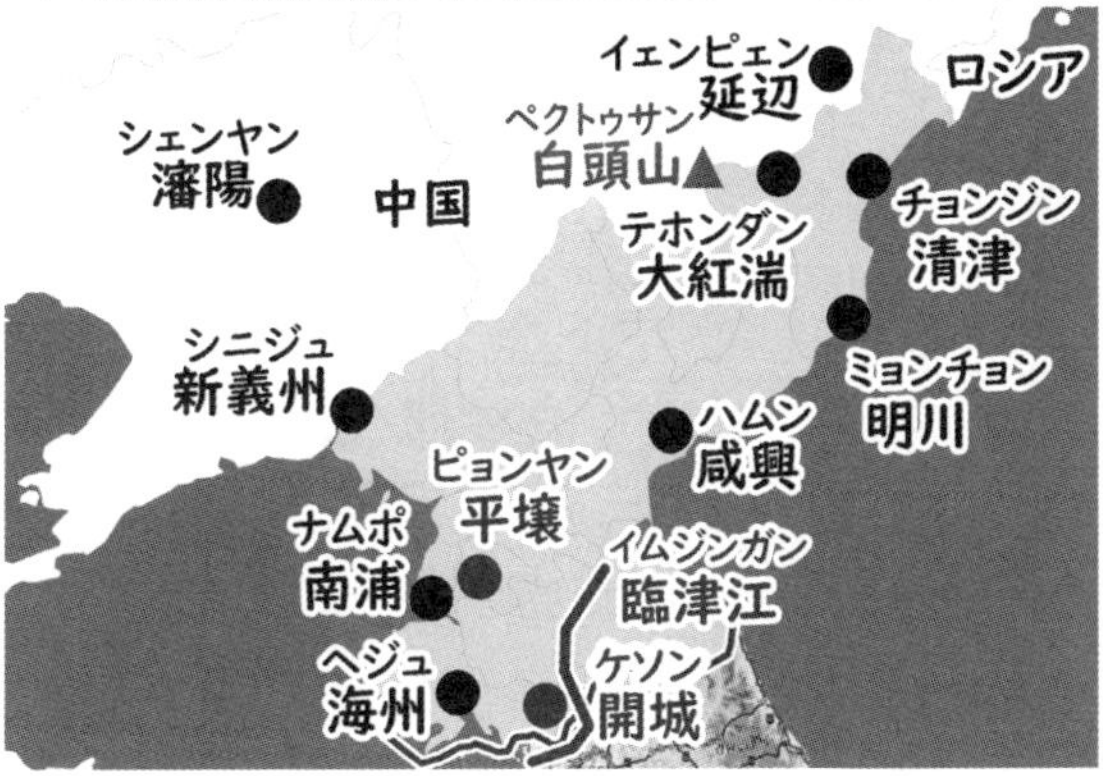

『愛の不時着』の場合、そもそも三八度線を越えて北に不時着したというところで、なぜそれが国境ではなくて軍事境界線で分けられているかという部分。本来ひとつの国が、朝鮮戦争によって南北に分かれて現在も休戦中です。

もちろん言葉も通じますが、長年分断されているので、お互いの暮らしがあまり見えてこない。現在の韓国から北を見るときに、その姿が知られていないからこそ、そこに出てくる料理や暮らしぶりが、韓国においてもおおいに受け入れられました。

さらに地図（前頁）を見ていただきます。韓国を巡る方は多くても、北を巡る人はあまり多くないと思います。地名が頭の中に入っていると、ドラマが非常に面白くなります。

劇中で主要な舞台となったのは、「ケソン（開城）」です。ここはパンムンジョムから八キロほどと近く、ケソン工業団地の話題をニュースで聞くことも多いです。このケソンと北の首都であるピョンヤンを中心にドラマでは話が進行していきました。

そして細かいところまで見ていくともっといろいろなことがドラマの中で語られていることに気付きます。南西部の「ファンヘド（黄海道）」という地域に「ヘジュ（海州）」という町があります。ここはビビンバの本場としても有名な米どころですが、南から来たユン・セリと、北のリ・ジョンヒョクがお互いの名前を名乗る中で、ユン・セリが、「そうだ、私はヘジュ（海州）・ユン（尹）氏なの」と本貫《ほんがん》の話をします。ヘジュにルーツがある。それを思い出して、「北の都市だったわよね」と語るセリフがあるわけです。

それに対して主人公のリ・ジョンヒョクは、「僕はチョンジュ（全州）・リ（李）氏だ」と答えます。「チョンジュ」のリ氏というのは朝鮮王朝の王家の出だという高貴なイメージもありますし、お互いに南北、逆の本貫を持っている。南北が本来ひとつであり、同じ民族であることを暗に示しているとも言えます。ドラマを見ることによって北の文化や南北の関係について、「あっ、そういうことなのか」と自然に知ることができる要素がたくさん入っていまして、それが食事においても非常に顕著です。

　ケソンという地域は高麗の都でした。ケソンの舎宅村に、リ・ジョンヒョクの家があります。こちらの写真は、高麗の初代王で、北では半島を初めて統一したと尊敬される「ワンゴン（王建）」のお墓ですけれども、二〇一五年に一度だけ北に行く機会がありまして、そのときに撮ったものです。こういう歴史的な王陵のある古都であり、ユネスコの世界文化遺産にも登録される由緒ある地域です。

王建王陵
ワンゴン
王建は高麗王朝の初代王
半島を初めて統一したと尊敬される

開城南大門
ケソンナムデムン
南大門

　実際に市内を回りますと、ソウルなどでもおなじみの「ナムデムン（南大門）」がケソンにもあって、そういった歴史と伝統的な町並みが『愛の不時着』の舞台になっています。

＊高麗王朝から続く宮中料理

そういう町ですから、実際食文化を見ても、高麗王朝から脈々と続く宮中料理が郷土料理として残っています。これはケソンの郷土料理をまとめた定食のようなものですけど、「パンサンギ（飯床器）」と呼ばれます。

パンサンギ(반상기)
開城式の定食
高麗王朝の宮中料理が
開城の郷土料理として残る

インサムチョングァ
(高麗人参の蜜漬け)
オイソン
(キュウリ炒め)
ヤッパプ
(おこわ)

ケソンは高麗人参の名産地として知られているので、おかずの中に「インサムチョングァ」と呼ばれる高麗人参の蜜漬けが入っています。あるいは「オイソン」という、なかなか韓国でも見ることの少

ない宮中料理もあります。きゅうりを炒めて、そこに宮中料理の基本である五色の色合いの詰め物をしています。これは金正恩委員長とトランプ米大統領が二〇一八年にシンガポールで会談をした際、晩餐会のメニューに入っていました。こういった伝統料理が、副菜としてさりげなく入っているあたりにケソンの食文化の豊かさを感じていただきたいです。

他にも、サムゲタンのルーツとなったとされる「インサムタッコム」は、特産品である高麗人参と鶏肉を煮込んだ栄養に富む料理です。ケソンに行くとボリュームのある一品料理として飲食店で提供されます。

日本では北の食文化というと、どうしても馴染みが薄いですし、そもそも食料自体が不足しているのではないかとの印象も強いのですが、実際に行ってみると郷土料理もたくさんありますし、過去から脈々と続いている歴史的な食文化もたくさん継承されています。

＊北の食文化の象徴　カンネンイグクス

ドラマに登場したトウモロコシの麺料理、カンネンイグクスは、北の食文化を象徴する料理の一つです。南北とも普段食べている主食は米になりますが、北ではほかにトウモロコシ、ジャガイモ、ソバといった山岳地域、寒冷な地域でも育ちやすい作物が、食文化の中で重要なポジションを占めています。

カンネンイグクス（강냉이국수）
トウモロコシ温麺　第2、9話
2018年の生産量
米221万t　トウモロコシ150万t
米は韓国の1/2　トウモロコシは19倍
2019 북한의 주요통계지표 보도자료

　ちなみに二〇一八年のデータですが、北の米の生産量は二二一万トンです。これは韓国の半分ほどですが、それに対してトウモロコシが一五〇万トン生産されています。これは、韓国の生産量の一九倍で、南北を比較してみると、トウモロコシは食文化の中に深く根付いているのがよくわかります。

　『愛の不時着』の中でも、ユン・セリがトウモロコシをかじるシーンなどが、ごく自然に挿入されています。第二話では、主人公のリ・ジョンヒョクが自ら、トウモロコシの生地を粉から打ち、手動の製麺機で押し出す伝統的なスタイルで麺を作っていました。これを味噌仕立てのスープに入れて、具をのせた

カムジャピンデトク(감자빈대떡)
ジャガイモチヂミ　第3話
北部の両江道《リャンガンド》が名産地
トウモロコシと並ぶ主要作物

ものがカンネンイグクスです。写真は私が中国の瀋陽にあるレストランで撮ったものですが、北では非常にポピュラーです。逆に韓国では、トウモロコシを使った麺料理は非常に少ないです。北東部の「カンウォンド（江原道）」に、「オルチェンイグクス（おたまじゃくし麺）」と呼ばれる短い麺の料理があるぐらいです。北を舞台とするドラマの中で、「あっ、黄色い麺を食べてるな」というところでまた一つ、南北の違いが見えてくる。その辺が面白さですね。

　さらにジャガイモを食べるシーンもたくさん登場しました。第三話でユン・セリの家に近所の奥様方が訪ねてくるシーンがあります。リ・ジョンヒョクとの関係を聞き出すために、口実としてジャガイモのチヂミ持ってきます。そのジャガイモも、北ではトウモロコシと並ぶ重要な作物です。北の中でもさらに北部、中国との国境を接する「リャンガンド（両江道）」が、ジャガイモの生産地として非常に有名です。

　中でも「テホンダン（大紅湍）」という町でとれたジャガイモがブランドのようになっていて、『愛の不時着』の中でも、登場人物のソ・ダンが、ケソン駅から舎宅村までタクシーに乗っていくシーンで、運転手がノリノリで歌うのがテホンダンジャガイモの歌でした。さりげない部分に、ジャガイモの名産地情報が巧みに挿入されていました。

＊ピョンヤン冷麺とハムン冷麺

北で最も有名な郷土料理というと冷麺になると思います。ピョンヤン冷麺と「ハムン（威興）冷麺」、大きく分けて二つの種類があります。東海岸の工業地域で北における第二の都市、ハムンで食べられている冷麺は、ジャガイモのでんぷん一〇〇%で作る、細くて非常に腰の強いタイプの麺を用います。韓国でもハムン冷麺を食べられますが、南に伝わった当時ジャガイモのでんぷんが入手しにくかったことから、かなりの老舗でもサツマイモのでんぷんで代用しているところが多く、麺の色合いが違います。これはハムンで冷麺を食べたときに撮りました。ジャガイモ料理の専門店で、前菜から最後の冷麺までほぼ全部ジャガイモを使った料理が出てきました。それだけジャガイモに親しんだ食文化が北の、さらに北部には存在しま

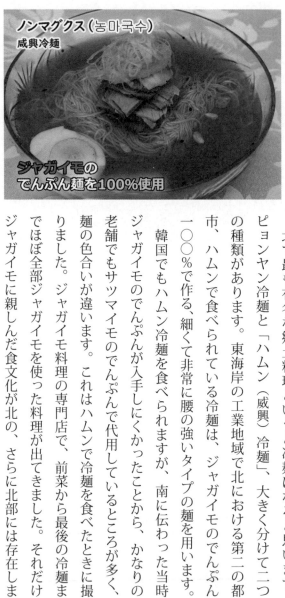

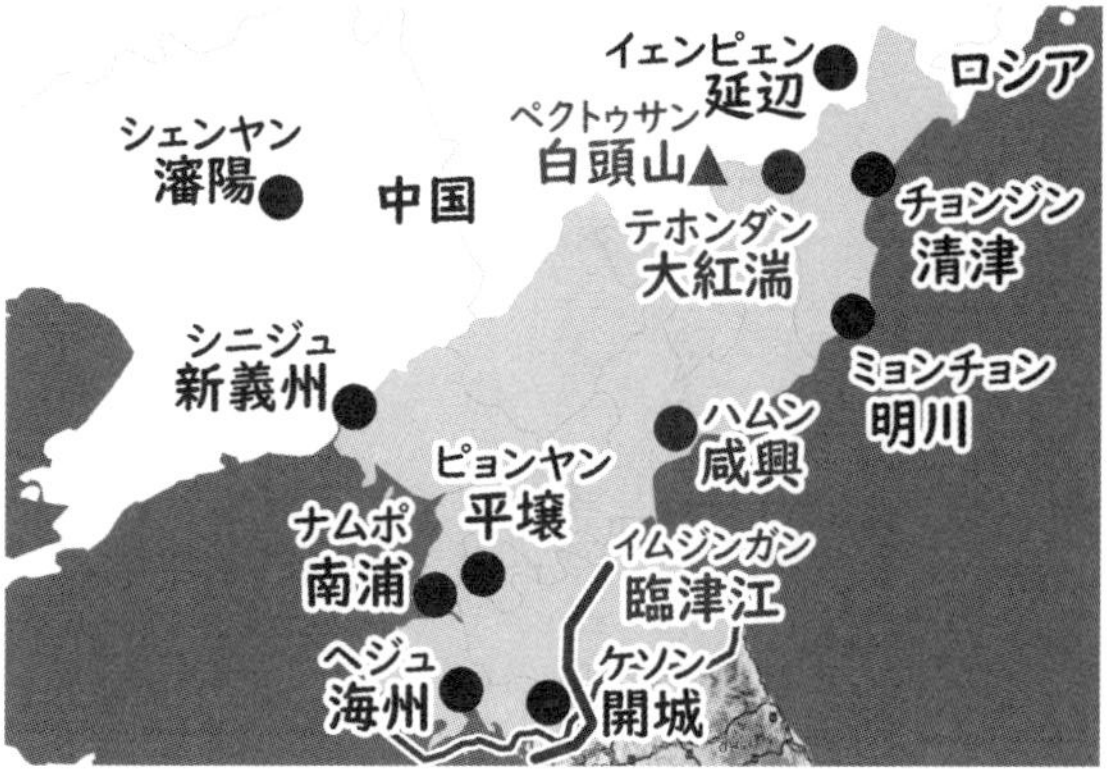

す。ジャガイモ料理が非常に充実していて、そんな食文化が『愛の不時着』の中にも巧みに表現されていたということです。

　残念ながらセリフだけですが、ピョンヤン冷麺は登場しました。登場人物のク・スンジュンがキジ撃ちに行く場面があるのですが、獲ったキジで冷麺を作って欲しいと頼みつつ、「それでこそ本物のピョンヤン冷麺だ」と語ったり、ピョンヤンの「玉流館（オンニュグァン）」という有名な冷麺店に行きたいとねだったりしました。

　ピョンヤン冷麺の特徴はソバ粉で麺を作ることにあります。そのソバ粉麺に、牛や豚、キジなどでダシをとった、肉のエキスの濃いスープを合わせたものがピョンヤン冷麺です。これが非常に有名であるために、実際に映像としては出てこなかったものの、いろいろなシーンやセリフの端々に、北の文化として差し込まれました。

＊ビールとスケトウダラ

もうひとつ、「ピョンヤン冷麺は食べられなくて残念だったけど、せめてテドンガン（大同江）でビールを飲んで帰りたいな」というユン・セリのセリフがあります。そこで出てきたのが「テドンガンメクチュ」という、北で広く親しまれているビールです。二〇〇二年にイギリスの設備を移築して工場を作りました。私もたくさん飲んできましたが、一番から七番まであって、六番と七番は黒ビールだそうです。二番が一番美味しいということで、もっとも広く流通しております。ユン・セリは一番を飲んでいましたので、細かなビールの違いについても知る人ぞ知るうんちくとして差し込まれていたのだと思います。ほかにも同じく緑色の缶ビールがさまざまなシーンに登場しました。いま南でビールというと、フライドチキンと合わせるのが王道で、

テドンガンメクチュ（대동강맥주）
大同江ビール 第5話など
↑②が人気
イギリスの設備を
移築して2002年より生産開始

タルピミョンテ（탈피 명태）
干しダラ　第5話
チキン+メクチュ　タルピミョンテ+メクチュ
チメク ではなく タルメク

「チキン」と「メクチュ（ビール）」の頭文字を取って「チメク」と呼んで楽しみます。『愛の不時着』の中でも多数登場しました。

　北では干しダラです。スケトウダラを乾燥させたものを割いて、薬味醤油などにつけて味わうのが定番のおつまみです。その話が第五話に出てきますが、チメクではなく、「タルメク」が北では有名だと。タルメクってなんだろうと思ったら、干しダラのことを、皮をむいたスケトウダラという意味で、「タルピミョンテ」と言うらしいです。タルピというのは「脱皮」のことです。ミョンテが「明太（めんたい）」と書いてスケトウダラのこと。脱皮明太という言葉を実際に北では使うらしいのですが、私は初めて知りました。その頭文字をとってタルメクなのですが、その略語自体は存在しないそうで、これはたぶん、作家さんのお遊びだと思いますけれども、干しダラをつまみにしながらビールを飲むというのは定番です。

　このスケトウダラは、南北、そして日本も含めた食文化のつながりを知る上でたいへん重要なものでもあります。日本でも、辛口の調味液に漬けたスケトウダラの卵を「辛子明太子」といいますが、これはもともと朝鮮半島にある「ミョンナンジョッ（スケトウダラの卵の塩辛）」をルーツとします。そもそも明太という言葉、「ミョンテ」自体が北の「ミョンチョン（明川）」というスケトウダラがたくさんとれる港町の名前に由来するとの説もあります。

　あくまでも俗説ですが、「太（ふとい）」と書いて「テ」さんという苗字があり、「ミョン」チョンの「テ」さんが上手にとる魚という意味で、「ミョンテ」という名前がついたとのエピソードが伝わっています。話の真偽はともかくとして、少なくともそのミョンチョンでよくとれるミョンテが、日本に渡って辛子明太子という郷土料理の名前にまでなったのは、ルーツをたどると面白い話かと思います。

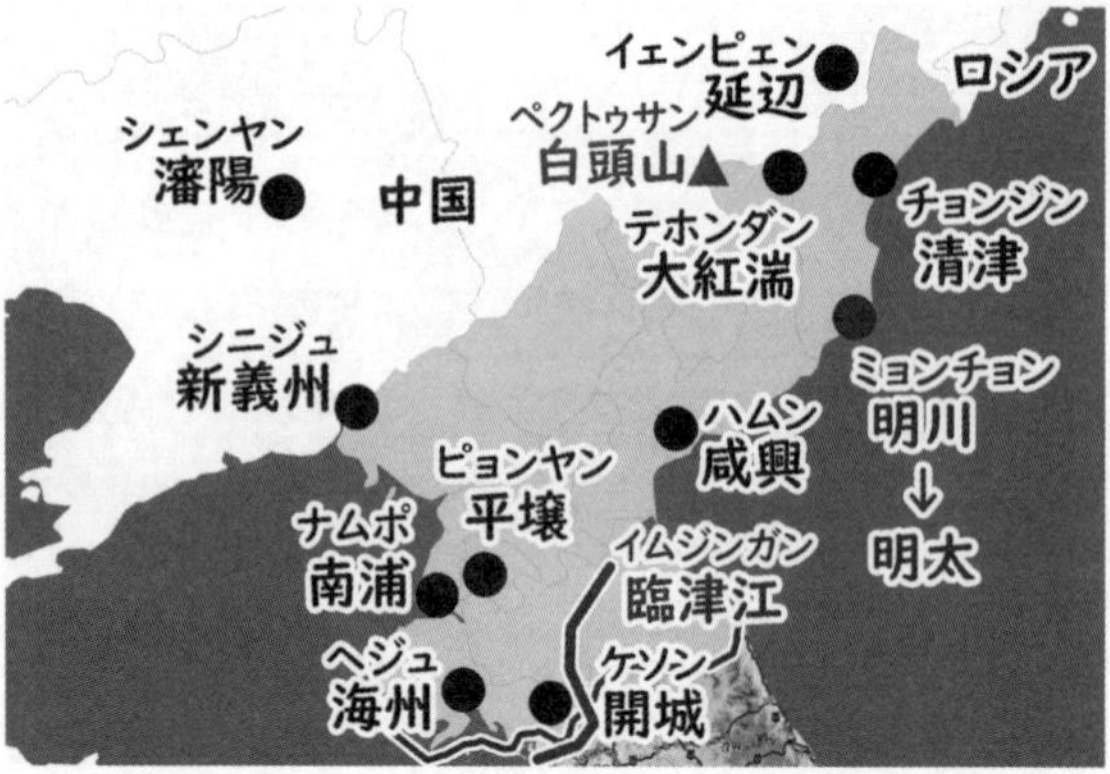

　また、朝鮮戦争で南北が分断された後に、ミョンチョンで作っていた干しダラを、南でも作れないだろうかと、いちばん適した地域を探したところ、見つかったのが、北に近く、東海岸に面したカンウォンドでした。

　現在も韓国で、干しダラの名産地というと、カンウォンドの「ピョンチャン（平昌）」や「インジェ（麟蹄）」といった町で、ミョンチョンでやっていた製法そのままに、とれたスケトウダラを

ファンテ(황태)
乾燥スケトウダラ
カンウォンド
江原道の名産品で
身の色から黄太と呼ばれる
ファンテ

風の強い山間部まで持っていって、自然の中で乾燥させています。

韓国で食べるいろいろな料理のルーツを紐解くと、北の食文化につながっていくものが多々あります。冷麺や干しダラは韓国でも本当によく食べるものですが、南北が分断されたことで製法が南に伝わり、それらを一つ一つ調べていくことで歴史の知識に繋がるという話を普段よくしております。

＊朝鮮半島の東海岸と西海岸、イムジンガン

今お話したのは東海岸の話ですが、西海岸と東海岸でまた、とれるものが全く違います。朝鮮半島は、東海岸に沿って「テベク（太白）山脈」という非常に険しい山々が北から南に伸びています。海岸から近いところに連なっているので、斜面が急角度で海まで下りていって、海岸から海に入ってもそのまま急角度でいきなり深くなります。逆に西海岸の方はなだらかで、干満差が大きいため、遠浅で広大な干潟ができます。このため西海岸は北も南もハマグリやアサリといった貝類がたくさんとれることで有名です。

さらに言うと、東海岸ではズワイガニやスケトウダラ、ハタハタのように深海にすむ魚介が多く水揚げされ、西海岸では浅い海で育つワタリガニやイイダコ、テナガダコなどが名産となります。『愛の不時着』の舞台となったのは、どちらかというと西に近いケソンでした。ピョンヤン郊外の「ナムポ（南浦）」という西海岸沿いの港町では、ハマグリを稲わらを敷いた地面に並べて、ガソリンをかけて焼く「チョゲプルコギ」という非常に豪快な名物料理が知られています。これをヒロインのユン・セリが食べて、ハマグリの殻に焼酎を注いで飲むシーンがありましたが、これはまさしく西海岸ならではの食文化です。

チョゲプルコギ（조개불고기）
ハマグリ焼き
ハマグリは西海岸の南浦《ナムポ》名物
ガソリンをかけて焼くのが本場流

また第六話では、お別れ遠足のようなことをします。子豚を連れて行って丸焼きにして食べようとするのですが、「かわいそうだからやめましょう」となる。代わりに食べたのがカニ鍋でした。ただのカニではありません。西海岸でとれるチュウゴクモクズガニ（上海ガニ）です。ちょうど海と川の合流する汽水域、淡水と海水の混じり合うあたりでとれるチュウゴクモクズガニを使った「チャムゲタン」という鍋をドラマの中で食べ

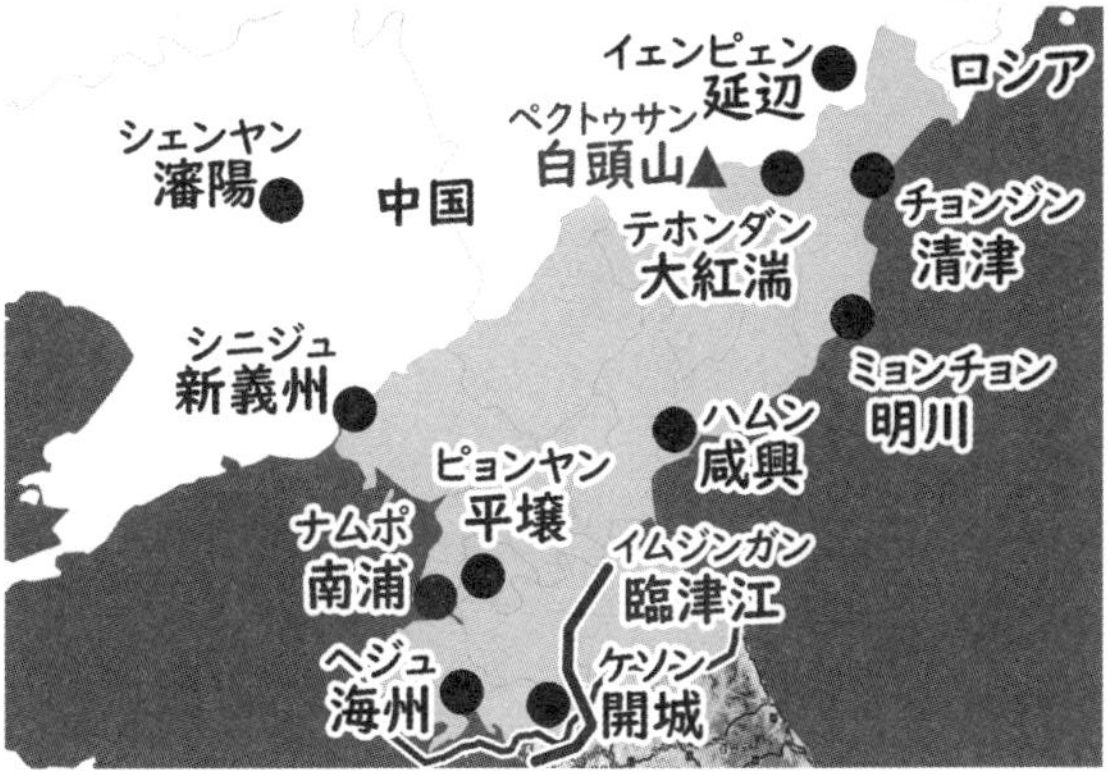

ています。

これは、韓国でも「イムジンガン（臨津江）」沿いの名物として現在も有名です。このイムジンガンは、北から流れてきて、南の「ハンガン（漢江）」と合流して西海岸に注いでいく川です。南北にまたがって流れる川ですね。歌にもありますが、南北分断を象徴する川です。

そのイムジンガンをずっと下っていって、韓国の「パジュ（坡州）」というところで名物として食べられているチャムゲタンをヒロインたちが食べている。北で食べている。そこがケソン郊外のどの川かはわかりませんが、分断を越えた「近さ」を感じさせるアイテムとして出ていたのではないかなと思います。

＊「六〇年以上」のペムスル（蛇酒）

さらに、歴史的なエピソードもたくさんありました。

第一話、リ・ジョンヒョクの部下にあたりますピョ・チス率いる部隊が、ちょうど交代のタイミングということで、ここまで頑張ってきたから多少は息を抜きたいと、民家に隠されていた少なくとも六〇年もの以上の蛇酒（へびざけ）、「ペムスル」を飲みます。ここで言う「少なくとも六〇年もの以上」というセリフは、休戦の一九五三年を前提としたものでしょう。朝鮮戦争でその民家から避難した人がいたであろうことが、そのセリフに入っているわけです。そこで、南北の軍事境界線付近に住んでいて避難した方々がいらしたとか、そこに六〇年もの間、お酒が眠っているような、ある種時間の止まったような感覚を象徴しつつ、物語がそのお酒のせいで大変なことになっていくわけなんですが……。

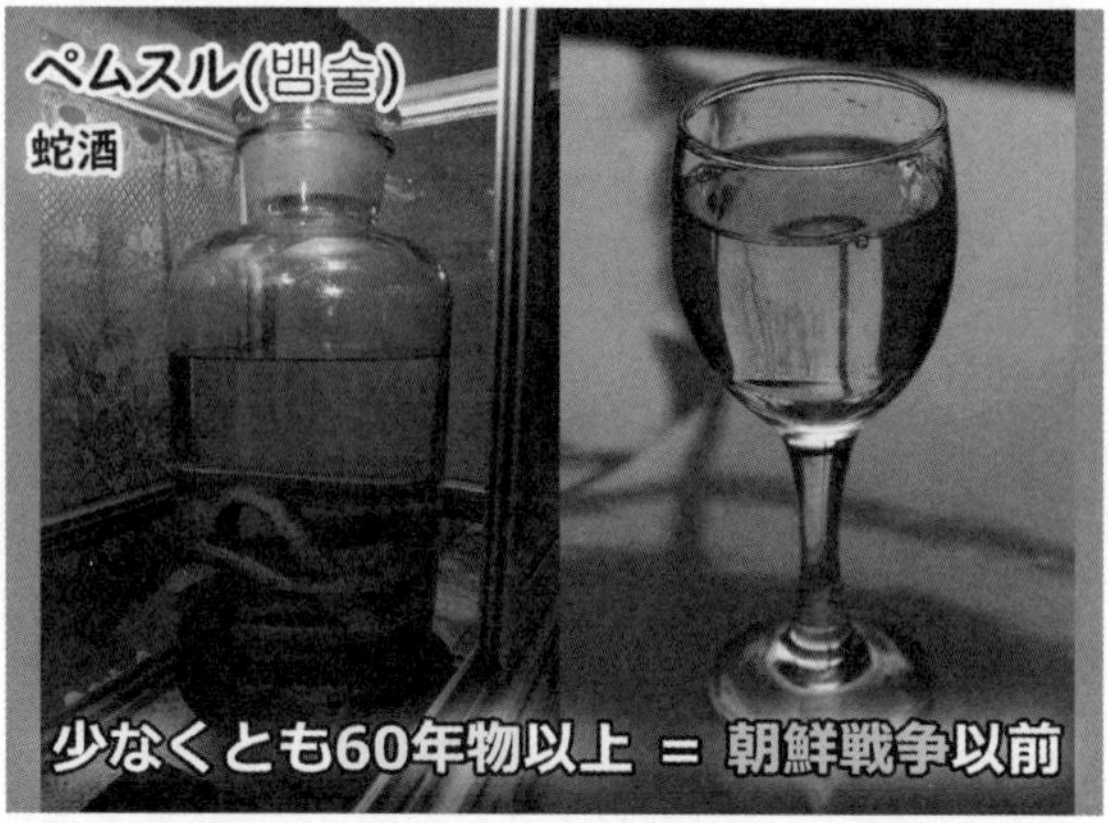
ペムスル(뱀술)
蛇酒
少なくとも60年物以上 = 朝鮮戦争以前

これは、実際に北で飲んだペムスルです。「ファングロンイ（カラダイショウ）」という蛇をお酒に漬け込んだもので、南ではあまり見たことがないんですけども、『愛の不時着』を見ながら、「ああ、やっぱり飲むんだな」と思った瞬間でした。

その他、興味深いところでは、南北で方言が違います。それを作中では、しりとりをすることでうまく表現しました。ドーナツのことを「カラクチパン（指輪パン）」と言ったり、ジュースのことを「タンムル（甘い水）」と呼んだりするような、言葉の違いで、長年分断されてしまったことによるギャップを表現しました。

カラクチパン(가락지빵)
指輪パン＝ドーナツ
タンムク(단묵)
甘いムク＝寒天ゼリー
タンムル(단물)
甘い水＝ジュース
クァッパプ(곽밥)
箱飯＝弁当

＊インジョゴギ（人造肉）の疑問

最後に、こちらですが「インジョゴギ」といいます。直訳をすると「人造肉」となり、「インジョ」が「人造」で、「ゴギ」が「肉」です。大豆の搾りかすをシート状にしたものなのですが、それにご飯を詰めて「インジョゴギバプ」というおいなりずしのような料理にして食べます。写真は南

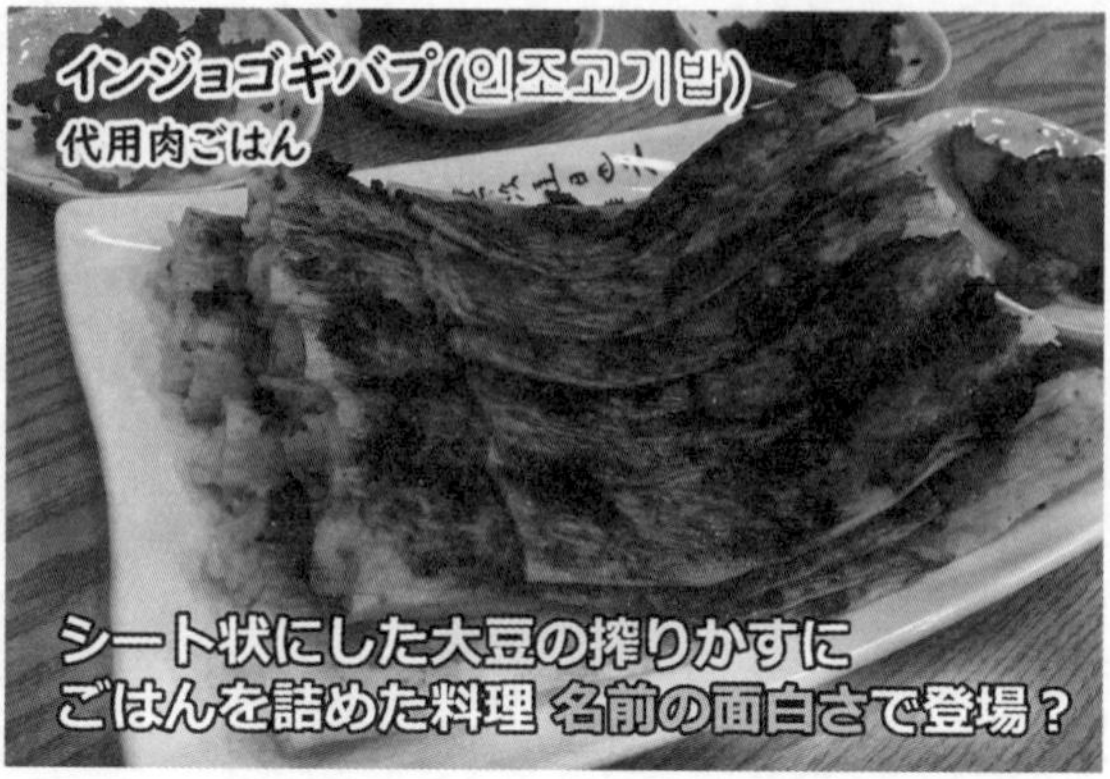
インジョゴギバプ(인조고기밥)
代用肉ごはん
シート状にした大豆の搾りかすに
ごはんを詰めた料理 名前の面白さで登場?

の「インチョン（仁川）」にあるリャンガンド料理の専門店で撮ったものですが、これが第五話に登場します。リ・ジョンヒョクとユン・セリが汽車に乗って、ケソンからピョンヤンまで行くのですが、そのときに停電が起こって列車が止まり、たくさんの物売りが駆けてきます。列車に向かってインジョゴギを差し出すのですが、それがどう見てもこの写真と違うんです。何か焼き鳥みたいなものを持っている。串に刺したインジョゴギというのが北にあるのかどうしても調べがつかないのですが、串に刺して手に持って売るインジョゴギがあるかどうか、ご存知の方いらしたらぜひ教えてください。

『梨泰院クラス』に観る韓国料理の国際化

『梨泰院クラス』も第四次韓流を象徴する人気ドラマです。ソウルのイテウォンは日本でいえば六本木のような多国籍な繁華街で、そこを舞台にした物語です。

パク・セロイという青年が、学生時代に父親を事故で殺されます。その恨みを晴らすために、その加害者であり巧妙に罪から逃れた巨大飲食チェーンを経営する親子に、飲食の場において戦いを挑みます。居酒屋を舞台にした飲食店による復讐劇というのが大まかなストーリーです。

＊スンドゥブチゲ　ソウルから韓国全土－アメリカ－日本

そのパク・セロイが開いた居酒屋「タンバム」の看板料理が、「スンドゥブチゲ」という料理でした。柔らかい豆腐を辛口に味付けした鍋料理で、韓国ではポピュラーな家庭料理です。イテウォンという、最先端を行くおしゃれな繁華街の居酒屋で出す看板料理としては、若干似つかわしくないようにも思えるかもしれません。味のポイントは「メジュ」と呼ばれる味噌玉麹（こうじ）で、韓国でテンジャン（味噌）、カンジャン（醤油）を作るときの麹になるものです。大豆を煮て、すりつぶして固めて麹にします。最終回でパク・セロイがスンドゥブチゲの味は父から習ったもので、味付けに使うヤンニョムジャン（薬味ダレ）の中でも、「メジュカル（味噌玉麹の粉）」にもっとも心を込めると語っています。

　その思い出の料理をもって、韓国全土にまたがる巨大飲食チェーンと戦います。最初は小さな店からのスタートですが、やがて、その巨大飲食チェーンと戦いうる、巨大組織にパク・セロイの「タンバム」も成長していきます。そこで見えてくるのがスンドゥブチゲという料理の国際性です。

　この料理は意外と歴史が新しいものです。本来「スンドゥブ」とは、おぼろ豆腐のような固める前の豆腐を意味し、豆腐そのものを味わう料理でした。

　これは現在も東海岸の「カンヌン（江陵）」に行く

スンドゥブ（순두부）
おぼろ豆腐
昔ながらのスンドゥブは
できたてに薬味醤油を加えて味わう

スンドゥブチゲ（순두부찌개）
おぼろ豆腐の辛口鍋
SINCE 1962
소공동 뚝배기집
ソウルの小公洞《ソゴンドン》で
1960年代に誕生？

と郷土料理として親しまれています。作りたてのまだモロモロとした状態のスンドゥブを器にとり、そこに薬味醤油を乗せて一緒に味わいます。じんわりと染み渡るように温かく、大豆の甘さが感じられます。特にカンヌンという地域では、古くから綺麗な海水をにがりの代わりにする製法が伝統的に伝わっていて、海水のミネラルとか、ほんのりした塩気を一緒に味わいます。

それがスンドゥブという料理だったのですが、一九六〇年代、ソウルの「ソゴンドン（小公洞）」で、近所の豆腐工場からスンドゥブを仕入れ、チゲを作った店が人気を集めました。それがスンドゥブチゲの始まりだそうです。ソゴンドンというエリアは、ロッテ百貨店や、ソウル市庁、地下鉄一、二号線のシチョン（市庁）駅があるソウルの中心街です。

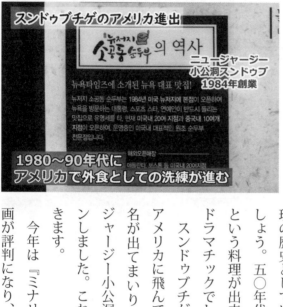

　韓国に現存するいちばん古いスンドゥブチゲの専門店としては、「ソゴンドントゥッギチプ」という一九六二年創業のお店があります。そこの二代目が当時の話を私にしてくれました。お父様が店を始めたときには、すでに市場などで他にやっていた方がいらっしゃったそうなので、料理の歴史としては少なくとも六二年よりは昔にさかのぼるのでしょう。五〇年代の後半から六〇年代ぐらいにスンドゥブチゲという料理が出来上がったと考えられるのですが、ここからがドラマチックでした。

スンドゥブチゲのアメリカ進出
뉴저지 소공동 순두부 의 역사

1984年創業
뉴욕타임즈에 소개된 뉴욕 대표 맛집!
뉴저지 소공동 순두부는 1984년 미국 뉴저지에 본점이 오픈하여 뉴욕을 방문하는 대통령, 스포츠 스타, 연예인이 반드시 들리는 맛집으로 유명세를 타, 현재 미국내 20여 지점과 중국내 10여개 지점이 오픈하여, 운영중인 미국내 대표적인 원조 순두부 전문점입니다.
해외오픈매장
애틀란타, 보스톤 등 미국내 20여지점
1980～90年代に
アメリカで外食としての洗練が進む

　スンドゥブチゲはソウルだけでなく、韓国全土に広まった後、アメリカに飛んでいきます。ここでもまたソゴンドンという地名が出てまいりますけれども、ニュージャージーで「ニュージャージー小公洞スンドゥブ」という店が一九八四年にオープンしました。これを皮切りとして、その後、ロサンゼルスに行きます。

　今年は『ミナリ』という韓国からアメリカに渡った移民の映画が評判になり、ユン・ヨジョンさんがアカデミー賞の助演女優賞をとりましたが、その時代、八〇年代から九〇年代にかけて韓国料理は、ヘルシーかつスパイシーな魅力が素晴らしいと、新鮮な驚きを持ってアメリカ社会に広まりました。スンドゥブチゲはその代表として、ロサンゼルスのコリアンタウンの名物に育っていきます。

これが世界化の大きな第一歩でした。韓国料理を知らない人にどう食べてもらうか、工夫が生まれていくんですね。具体的に言うと、好きな具をトッピングできたり、辛さの度合いを選択できたり、あるいはセットメニューとして一緒に牛カルビ焼きがついてきたりという新たなサービスが生まれました。そういう現在の専門店に繋がる外食としての発達が、アメリカで行われたということです。

現在の日本には、スンドゥブチゲを専門とするお店が山ほどありますが、二〇〇三年に大阪でオープンした「まん馬」というお店が草分けとなりました。「まん馬」の社長も、ビジネスマン時代にアメリカで食べたスンドゥブチゲの味が忘れられなくて、それを持ち帰って日本でやったら流行ると思ったと語っていらっしゃいます。同時期にもう一つ、大阪で「ＯＫＫＩＩ」という専門店がオープンするのですが、そちらを開いた在日コリアンの女性社長も、やはりアメリカのロサンゼルスで修行して店を始めたそうです。

また、「東京純豆腐（スンドゥブ）」という大きなチェーン店も日本にありますが、そちらも社長がロサンゼルスに出張した際、スンドゥブチゲを食べたのをきっかけとして日本で出そうと考えたそうです。

こうしてスンドゥブチゲは、韓国からアメリカを経て日本に入ってきました。料理の味についても、韓国ではあさりダシをとることが多いですが、海外の韓国料理店はたくさんの料理を一つの店で作るため、ベースとして必ず牛ダシを取るんです。コムタンのようなスープを作ってそれを各料理に使いますので、濃厚な牛ダシのスープで作るロサンゼルス式のスンドゥブチゲが日本に伝わってきました。

もちろん韓国から直接伝わってきたスンドゥブチゲもあるので、現在の日本では両方食べられますが、そういった多様性も含めてたいへん国際的な料理と言えます。それを看板料理に掲げたというのは、パク・セロイという主人公にとってお父様との思い出の料理でありながら、世界に羽ばたくうえで非常に説得力のある料理を選んだということです。

そして実際に、『梨泰院クラス』というドラマが流行ったことで、スンドゥブチゲの知名度は世界的に上がりました。日本ではすでに一定の知名度がありましたが、同じく韓流の元気な東南アジアや中国では『梨泰院クラス』の影響力が顕著でした。

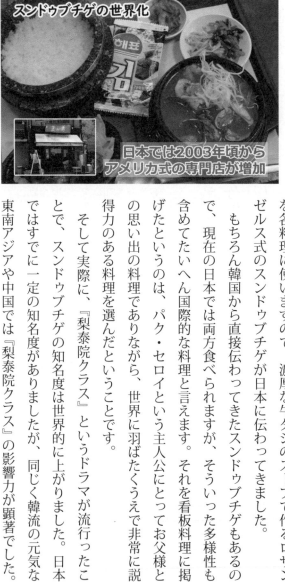

ＹｏｕＴｕｂｅを見ると、『梨泰院クラス』を真似てスンドゥブチゲを作ったり、食べたりする動画が、ベトナム語やタイ語などいっぱい出てきます。『梨泰院クラス』の描いた世界が、ドラマを飛び出して現実世界まで波及したとも言えます。

そこまでは狙ったものではないかもしれませんが、そうやって実際の食文化ともリンクしていくのは、ドラマの力であり、面白さの一つと言えるかと思います。

＊韓国料理の新しい世界も

その他、『梨泰院クラス』の「タンバム」というお店では、イカを丸ごと入れた「チャンポン」が出ていました。韓国のチャンポンは辛い海鮮麺を指すのですが、細かい作業がされておりまして、包丁目でなくハサミでイカに切れ目を入れることで、イカが泣いているように見える。そんなお遊びとも言えるような工夫がなされています。

あるいは、「スクチュサムギョプポックム」という緑豆《りょくとう》もやしと豚バラ肉の炒め物が出てきます。何の変哲もない炒め物に見えますが、にんにくと唐辛子、青唐辛子が入りまして、ピリッとスパイシーであるのはもちろん、韓国料理の中ではなかなか珍しいオイスターソースを味の決め手に使っています。そういう流行《はやり》のテイストをうまく落とし込んで、新しさをお客様に提供する。現在進行形のトレンドを反映した居酒屋料理が多かったです。

「ホンハプタン」というムール貝の鍋は、韓国の居酒屋であればどこでも出てくるような定番ですが、ムール貝そのものを食べるだけでなく、汁がまた美味しいんです。青唐辛子のピリッと効いた汁をすすって、追いかけるように焼酎を飲むと、これがたまりません。『梨泰院クラス』では、スタッフがうっかり間違えてカレー粉を入れてしまいまし

た。厨房にカレーの匂いが充満して気付くのですが、大失敗かと思いきや、味見をしてみると不思議なことに美味しい。それが店でヒットするとともに、因縁の相手とテレビ番組で料理対決をするのですが、そこでも見事勝利をするメニューになりました。オイスターソースやカレー粉といったあまり馴染みのない調味料を使いながら、韓国料理の新しい世界を見せていく。それも、『梨泰院クラス』ならではの見どころだったと思います。

カンウォンド（江原道）とキョンサンブクト（慶尚北道）

＊ムール貝とうずらの卵　『サイコだけど大丈夫』

ムール貝は韓国のごく一般的な食材であるとともに、地方の特産品として、これまた東海岸をイメージさせせます。アサリやハマグリは西海岸でとれますが、東海岸のカンウォンドではムール貝が定番です。これを現地の方言で「ソプ」と言いまして、ムール貝のスープ「ソプクッ」や、おかゆの「ソプチュク」が代表的な食べ方です。そのムール貝が登場する印象的なドラマとして二〇二〇年にヒットした『サイコだけど大丈夫』があります。

ソンジン市という、架空の町が舞台となって物語が進むのですが、劇中に出てくる身分証明書を見ると、カンウォンドソンジン市と書いてあって、モチーフとされているのがカンウォンド、それも海が見えるので東海岸沿いかな、とわかるように作られています。

印象的だったのは、ヒロインのコ・ムニョンは非常に神経質な性格で、箸でうずらの卵をつまもうとしたときに、つるっと滑って取れない。それに腹を立てて皿にガンガンと箸を突き立てるシーンがあるのですが、それを主人公のムン・ガンテが優しくご飯の上に、うずらの卵を載せてくれるんです。料理としては一般家庭のお惣菜のようなものになるのですが、この本の中で、実際に作ってみたとの報告がいちばん多かったのはこの料理でした。

つるっつるの卵をとってくれるムン・ガンテぇ〜〜〜!!
約10分
第5話
ごはんの上に
そっとのせる優しさ
사이코지만 괜찮아
『サイコだけど大丈夫』より
ムニョンの好物
うずらの煮卵

何しろ簡単です。醤油だれを作って、うずらの卵の水煮を買って漬け込めば出来上がり。いわば煮卵のようなものなのですが、韓国風にニンニクがちょっと入っていたり、あるいは青唐辛子を入れてもよく、韓国の家庭だと牛のモモ肉を一緒に煮て細く裂いたりもするので、そうするとたんにご馳走になります。

『サイコだけど大丈夫』というドラマを見ていると、ムール貝をたくさん入れたチャンポンが登場しています。『梨泰院クラス』には、イカを入れたチャンポンが出てきましたが、こちらはムール貝と青唐辛子がたくさん入った辛いチャンポンでした。ムン・ガンテのお兄さんのムン・サンテが激辛好きで、その魅力を熱く語るんですね。そのセリフに出てくるムール貝の存在が、劇中の地域イメージを増幅する仕掛けになっています。

江原道《カンウォンド》
ソウル
釜山《プサン》
太白《テベク》山脈が南北に走る自然豊かな土地柄
東海岸沿いでは新鮮な魚介料理が豊富

江陵(注文津)《カンヌン　チュムンジン》
ソウル
釜山《プサン》
江陵は東海岸に面した港町
注文津港はスルメイカの名産地として有名

＊ソバとトッケビの伝承

さらに、印象的な形でカンウォンドが登場したドラマをもうひとつ紹介したいと思います。カンヌンという地域は先ほど豆腐の名産地として紹介しましたが、市内に「チュムンジン（注文津）」という港町があります。

このロケ地は好きな方であれば、見た瞬間に、ああって

思うところです。どんなドラマに出てきたかといいますと、『トッケビ～君がくれた愛しい日々～』です。

主役のコン・ユとキム・ゴウン、トッケビ（鬼神）と女子高生のチ・ウンタクという役どころの二人組が初めて出会ったのがチュムンジンの埠頭です。花束を渡すんですね。真っ白なソバの花を渡す。そういうシーンでした。

このドラマは、全編にわたってソバがたくさん出てきます。カンウォンドはソバの名産地として有名なんです。ピョンヤンの冷麺も名産地ならではの料理ですが、カンウォンドは「マックス」という冷やしそばが郷土料理にあって、ソバをモチーフとして挿入する物語にはぴったりの地域です。

『トッケビ〜君がくれた愛しい日々〜』より
ウンタクのお祝いわかめスープ
約25分
韓国式は牛肉たっぷり！
ウンタクはやく幸せになって……。
第1話
自分の誕生日を祝ってつくったわかめスープ
도깨비

そのチュムンジンでふたりが出会う前に、「ミヨックッ（わかめスープ）」を食べるシーンもあります。主人公のチ・ウンタクは、子供の頃にお母さんを亡くしまして、おばさんの家に居候しながら家族のご飯作りを担当させられている、ちょっとかわいそうなヒロインなのですが、そこでミヨックッを作るシーンがあります。

韓国でミヨックッというと、誕生日に食べる定番の料理です。これは自分で作るものではなく、本当ならお母さんが作ってくれるミヨックッを、韓国人であれば誰しもが誕生日に食べるものです。それを自分で作らなければいけないところに、お母さんを亡くした悲哀と、おばさんの家でいじめられている切なさがあり、そんな境遇を強調するアイテムとして登場しています。

余談ですが、カンヌンという町はワカメの名産地でもあり、クロソイというお魚を入れたミヨックッが名物だったりします。

また、このドラマの中では、「キンパ（海苔巻き）」を一人でまるかぶりするシーンも出てきます。

韓国でキンパというと、遠足などのお出かけに持っていくお弁当の代名詞で、これもまた韓国ではお母さんとの思い出によく使われるアイテムです。こうした不憫さを食で見せる表現が、本作の中では効果的に登場していたように思いました。

さらに、「トックッ（雑煮）」を作るシーンがありました。第一〇話、お正月を迎えて、料理上

手なウンタクがトックッを作るのですが、そこで不思議な事を言うんです。「一緒にメミルムクも作ったよ」。「メミルムク」というのはソバの寒天です。ソバがきのような感じで、ソバ粉を煮固めたものをメミルムクといいますが、それが唐突に出てきます。

　お正月料理でもないのに、なぜだろうと思って調

べていくと、トッケビはそもそも、ソバが好きだという伝承があるんですね。それはドラマ上の設定ではなく、民俗学的な話としてです。鬼神に相当するトッケビの好物に、ソバや、お酒、肉があると昔から伝わっている。そういった伝承があるからこそ、ソバの花束を渡すシーンがあったり、好物のソバ料理を作るシーンがあったり、印象的なシーンでソバ畑がたくさん登場したり、あるいはステーキを貪るとか、ビールを飲むとか、そういったシーンがごく自然にドラマの中にたくさん挿入されているのです。

ここでは韓国料理の部分だけを追いかけていますが、ドラマの細部を深堀りしていくと、韓国社会、韓国文化のいろいろなことが見えてきます。

＊キョンサンブクト（慶尚北道）のトゥルチギ

私は、「キョンサンブクト（慶尚北道）」という地域の広報大使をしております。地域のＰＲをするようにと現地の観光課から拝命したのですが、そのキョンサンブクトを語るときに、まず説明するのが「歴史的なスポットがたくさん残っている」ということです。かつて新羅の都であった「キョンジュ（慶州）」や、朝鮮時代の家並みを現在に残す民俗村「ハフェマウル（河回村）」がある「アンドン（安東）」などの地域があります。

そういった歴史的な地域であるがために、郷土料理としても、当時の「ヤンバン（両班）」と呼ばれる貴族階級の家庭料理や、祭祀料理などが現在まで脈々と伝えられており、これが食文化の特徴になります。

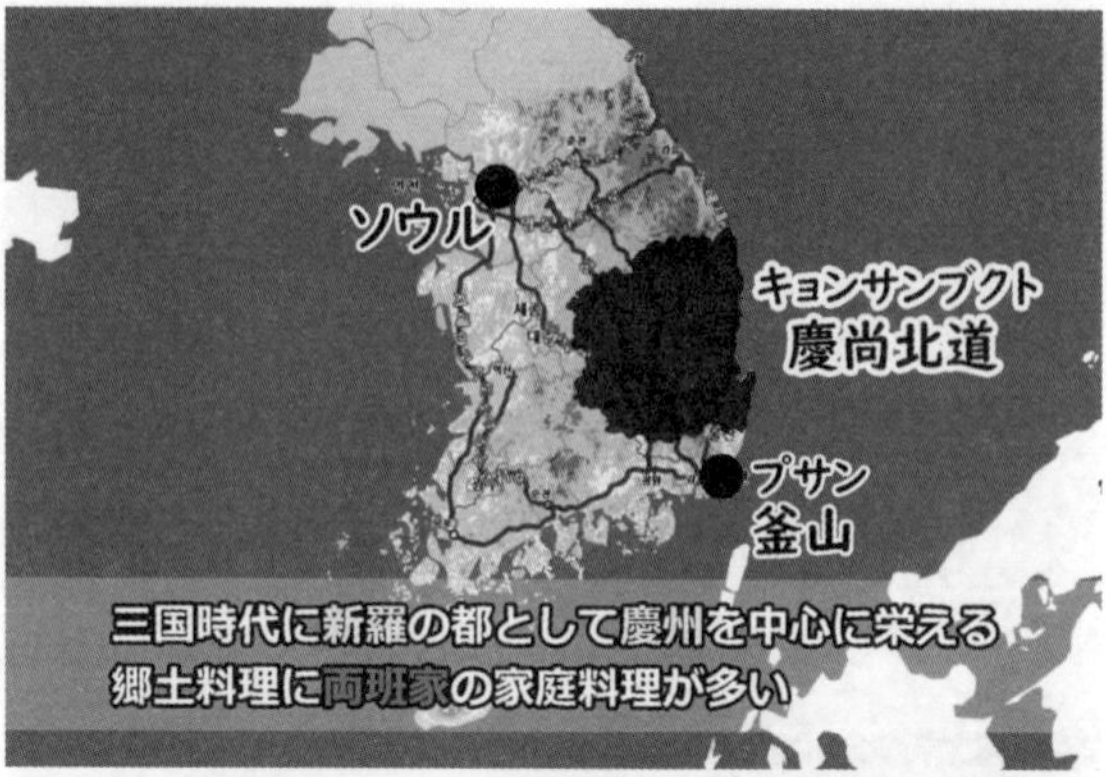
ソウル
慶尚北道《キョンサンブクト》
釜山《プサン》
三国時代に新羅の都として慶州を中心に栄える
郷土料理に両班家の家庭料理が多い

『椿の花咲く頃』より
カメリア名物
汁だくトゥルチギ
동백꽃 필 무렵
ドンベクし~ ヨンシクし~!!
第4話
ごはんにも
お酒にも合う
約20分

新羅を舞台とした『花郎〈ファラン〉』というドラマを本書で取り上げましたが、それは昔のキョンジュを舞台として物語が進みます。

また、『椿の花咲く頃』

という2019年に大ヒットした作品がありますが、その中から「トゥルチギ」という料理を本書では紹介しました。トゥルチギというのは不思議な料理で、地域ごとに全く作り方が違うんです。例えば「テジョン（大田）」という中西部の町に行くと、イカと豆腐を煮込んだトゥルチギがあります。これが南の「チェジュド（済州島）」に行くと、豚肉ともやしを炒めたトゥルチギになります。

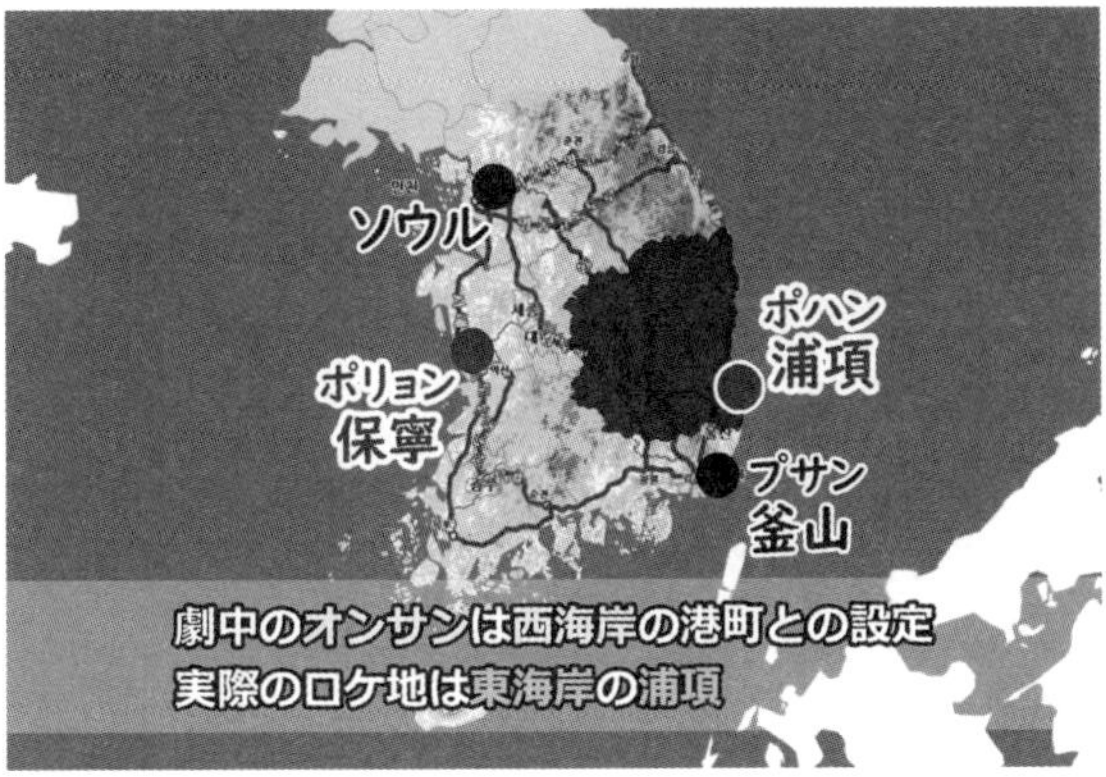
ソウル
ポハン
浦項
ポリョン
保寧
プサン
釜山
劇中のオンサンは西海岸の港町との設定
実際のロケ地は東海岸の浦項

主人公のトンベクが作る料理は南東部の「キョンサンド（慶尚道）」式で、ちょっと煮汁の多い、つゆだくの豚肉炒めみたいなものです。

＊不思議に思うこともある

ただ、ここで不思議なことがあるんです。劇中に登場する「オンサン」という地域は、これまた韓国に存在しない架空の町ですが、設定として西海岸の港町になっています。

西海岸の「ポリョン（保寧）」という町が実際のロケ地にも使われているのですが、このポリョンをはじめとした西海岸の地域は、先ほども申しましたように浅い海に住むワタリガニなどが特産品です。そのオンサンという架空の町には、「オンサンケジャン通り」という「カンジャンケジャン（ワタリガニの醤油漬け）」の専門店通りがあります。主人公であるファン・ヨンシクのお母さんも、カンジャンケジャンの専門店を営んでいます。

それ以外にも、明らかに西海岸らしい風景や料理が次々と登場していくのですが、なぜか主人公のトンベクが作るのは地理的にまったく正反対のキョンサンド式トゥルチギだったり、同じく東海岸の名産である「カジャミムチム（カレイの和え物）」だったりします。トンベクにとってオンサンは故郷でなく、引っ越してきた立場なので、どこか「外の人」というイメージがそういった形で表現されているのかもしれません。

さらに言うと、ロケ地にはポリョンだけでなく、東海岸の「ポハン（浦項）」も多く使われているのですが、そこを「オンサンケジャン通り」にしているので、よく見ると看板がズワイガニなんですね。

ポハン市内に「クリョンポ（九龍浦）」という港町があるのですが、そこが『椿の花咲く頃』のロケ地であり、韓国を代表

するズワイガニの名産地です。そこでカンジャンケジャンという西海岸料理の町を撮影したため、西と東の矛盾が起こってしまい、ワタリガニ料理を出しているはずなのに看板がズワイガニのままというおかしなことになっていました。

　その他にも、「マンドゥ」という韓国式の餃子が出てきまして、これが印象的な形で最終回に繋がりますので、ぜひマンドゥについてもご注目いただければと思います。

　本書で取り上げた作品を見ると、朝鮮半島全体にまたがって、たくさんの地域が舞台となっていました。ドラマに出てくる韓国料理は、見て美味しそうなだけでなく、そこからさらに踏み込むことによって、韓国の歴史が見えてきたり、あるいは地理が見えてきたり、その地域の暮らし

が見えてきたりします。食を通じて韓国を見ることによって、より深く韓国のことを知ることができるのではないでしょうか。

以上が今回の『韓国ドラマ食堂』という本の説明であり、それを通じた私の活動ということになります。

最後に宣伝ですけども、四月三〇日に新しい本が出ます。『三日で終わる文字ドリル　目からウロコのハングル練習帳』（学研プラス）という初学者向けのハングルテキストを二〇〇四年に書きまして、お陰様で一七年ぶりに改訂版が出ることになりました。第四次韓流を機に、新しく韓国語を始める人もずいぶん増えています。これから始めたいという方が身近にいらっしゃいましたら、ぜひご推薦いただけましたら幸いです。

〔質疑〕

(Q) 僕は釜山出身です。日本の女の子はこんなもん食えるかっていうような食堂にまで行っていますが、韓流ドラマ以外に考えられる原因はありますか？

(A) 僕の印象ですが、最近の若い子たちは韓国文化への接し方がだいぶ深くて、上辺だけ見ているわけじゃないんですね。第三次韓流がポイントだったと思いますが、二〇一五年、一六年ぐらいから、高校生、大学生を中心に韓国文化が広まっていきました。二〇一五年、一六年というと僕らにとってはつい最近ですけど、若い子たちの五年、六年ってかなり大きいですね。その間ずっと最新の韓国文化に接しながら、何度も韓国に行って本場の味を確めて、韓国語を勉強する人もだいぶ増えました。けっこうなスペシャリストになっているんじゃないかと見ています。

現在第四次韓流と言われますが、その立役者は第三次からの若い世代です。韓国文化を見るうえで、もはやベテランの域に達した人たちがおそらくディープなところを攻めているんじゃないかと思います。

もう一つ言えるのは、彼女たちは同じ世代の韓国人とのコミュニケーションも深めています。日本人から見て馴染みのないようなところでも、韓国人が好きなところであれば貪欲に吸収している面があると思います。

象徴的な例として、「#韓国人になりたい」というハッシュタグがSNSで一時期話題になりました。ヘアスタイルとかメイクとか韓国そのものに憧れを感じている人たちが増えています。その一角に、韓国料理というのも含まれているのではないかと思います。韓国人と同じように文化を体験したいとの感覚です。

いずれその世代が数年を経て社会人になると考えれば、相当な知識を持って出てくるので、ここからの未来は明るいんじゃないかと勝手に思っています。

(Q)テグ(大邱)の推薦料理、キョンジュあたりで、これが推薦という料理をちょっと教えていただけたらありがたい。

(A)テグは韓国第三の都市として、ソウルと「プサン(釜山)」の間にある町です。朝鮮時代から、交通の要衝として栄えた歴史を持ち、市場が非常に有名です。周辺地域から漢方材が集まる専門の市場があって栄えたのと、繊維の町として衣類や布団などの寝具を集める市場が発達しました。

また、一九世紀の後半から二〇世紀にかけてテグでは牛市場が栄えます。現在も、テグを囲むキョンサンブクトという地域は、「ハヌ（韓牛）」と呼ばれる、日本でいう和牛に相当するブランド牛の生産頭数がナンバーワンです。

ですからキョンサンブクトには焼肉の美味しい町が多いのですが、その集散地であるテグもまた古くから牛肉料理が栄えました。

その一つが牛肉の辛いスープ「ユッケジャン」です。ユッケジャンは別名を「テグタン（大邱湯）」と言います。現在ではほぼ使われなくなった死語ですけれども、これが一九二〇年代から三〇年代にソウルで大流行しました。その当時に日本へと渡った、在日コリアン一世の方々がテグタンを伝えたので、現在も日本の焼肉店などでは、テグタンという名称がそのまま残っています。現在の韓国ではまず使わないため、テグがテグタンのルーツだと知ることができるのは日本だけです。日本の焼肉店とテグの牛肉文化を繋ぐ料理として、テグ式のユッケジャン、テグタンはぜひ召し上がっていただきたいと思います。

また、韓方の町ということで、韓方焼肉、韓方カルビといった名物があります。さらには市場を中心に製麺の町としても栄えました。いまや世界の一流企業である「サムスン」という巨大財閥も、そのルーツはテグの市場にあり、小さい製麺業者から事業を始めました。そういった土地柄なので麺料理が充実していて、代表的なものに「ヌルングクス」という手打ちうどんのような料理があります。肉と麺がテグの象徴ですね。

一方、キョンジュには新羅の歴史があります。綿々と続く古都としての歴史的な文化を味わえるのがいちばんよいところです。「ヨソックン（瑤石宮）」という宮中料理店がありまして、そこに行くと、朝鮮時代から続く旧家の家庭料理を、豪華なコース形式で食べられます。キョンジュでは歴史ある宮中料理ですとか、両班家庭の料理とか、そういったものを召し上がっていただくと、地域の特徴がわかるのではないかなと思います。

司会　八田さんに大きな拍手を。

（日韓記者・市民セミナー　第二一回　二〇二一年四月二七日）

YouTube「KJテレビ」日韓記者・市民セミナー

動画配信　二〇二二年二月二八日現在（第1回から13回まで韓国語字幕あり）
●印はブックレット収録済

●第1回　二〇一九年八月三日
「関東大震災「朝鮮人虐殺否定」論反証」　加藤直樹（作家）

●第2回　二〇一九年九月二五日
「よく知らない韓国（人）を知ろう」　権　鎔大（経営コンサルタント）

●第3回　二〇一九年一〇月一八日
「特攻隊員として死んだ朝鮮人の慰霊事業」　黒田福美（女優）

●第4回　二〇一九年一〇月二六日
「JOCの不可解な動き」　谷口源太郎（スポーツジャーナリスト）

●第5回　二〇一九年一一月二四日
「北送事業60年の総括」　菊池嘉晃（ジャーナリスト）

●第6回　二〇一九年一二月一二日
「韓国ヘイトと対処法」　香山リカ（精神科医）

●第7回　二〇一九年一二月一七日
「在日二世の数奇な半生」　尹　信雄（元民団倉敷支部団長）

●第8回　二〇二〇年二月一〇日
「安倍政権の内政と外交」　小池　晃（日本共産党書記局長）

●第9回　二〇二〇年二月二一日
「南北韓と韓日関係の展望」　平井久志（ジャーナリスト）

●第10回　二〇二〇年七月一日
「虚構の「嫌韓」からの解放」　澤田克己（毎日新聞論説委員）
●第11回　二〇二〇年七月一五日
「川崎でのヘイトスピーチ攻防」　石橋　学（神奈川新聞記者）
●第12回　二〇二〇年八月五日
「在米コリアンと日系米人社会」　金真須美（作家・大学講師）
●第13回　二〇二〇年八月二六日
「多様性の中の在日コリアン」　金村詩恩（作家・ブロガー）
●第14回　二〇二〇年九月二日
「朝日新聞の慰安婦報道と裁判」　北野隆一（朝日新聞編集委員）
●第15回　二〇二〇年九月一六日
「平行線をたどる徴用工問題」　殷　勇基（弁護士）
●第16回　二〇二〇年一〇月一六日
「『評伝 孫基禎』の上梓とその後」　寺島善一（明治大学名誉教授）
○第17回　二〇二〇年一〇月三〇日
「復刻『関東大震災』の意義」　高　二三（新幹社社長）
●第18回　二〇二〇年一一月一八日
「キムチが食べられる老人ホーム・故郷の家」　尹　基（社会福祉法人「こころの家族」理事長）
●第19回　二〇二〇年一一月三〇日
「日本学術会議会員任命拒否問題の背景」　纐纈　厚（明治大学特任教授）
●第20回　二〇二〇年一二月八日
「差別と偏見の現場取材」　安田浩一（ノンフィクションライター）

●第21回　二〇二一年四月二七日
「『韓国ドラマ食堂』の話」　八田靖史（コリアン・フード・コラムニスト）
○第22回　二〇二一年七月一四日
「差別実態調査から見るヘイト」　権　清志（朝鮮奨学会代表理事）
○第23回　二〇二一年一一月六日
「映画『在日』上映と呉徳洙監督を語る」　清水千恵子（映画『在日』スタッフ）
○第24回　二〇二一年一一月一九日
「記憶を拓く『信州・半島・世界』」　田中陽介（信濃毎日新聞編集局デスク）
○第25回　二〇二一年一二月一三日
「外国人は『害国人』ですか―日本の入管体制を検証する」　田中　宏（一橋大学名誉教授）
○第26回　二〇二三年一月一四日
「歴史事実に介入する政府と『作る会』」　鈴木敏夫（子どもと教科書全国ネット21事務局長）

〔著者紹介〕

● 権鎔大（ゴン・ヨンデ）

1946年12月21日生まれ。ソウル大学史学科卒（日韓関係史専攻）。ソウル新聞大学院修了（マスコミ論）。ソウル大学教養学部助手。大韓航空大阪支店次長。アシアナ航空日本本部長、中国本部長。

著書：『あなたは本当に韓国を知っている!?』（駿河台出版社）

● 尹基（ユン・キ）

1942年10月8日、韓国全羅南道木浦市にて、韓国孤児院・木浦共生園創立者の尹致浩(ユン・チホ)と同孤児院に生涯を捧げ「韓国孤児の母」として記憶されている田内千鶴子(韓国名：尹鶴子、ユン・ハクチャ)の間に生まれる。父・尹致浩が田内家の婿養子となったことにより現在まで日本国籍。

1968年、母・田内千鶴子の死後、木浦共生園の園長に就任。1982年、来日。在日コリアン高齢者の孤独死問題に直面し、「在日韓国老人ホームを作る会」を発足。その後、在日コリアンと日本人の高齢者が共に生きる老人ホーム「故郷の家」を関西圏四か所（堺、大阪、神戸、京都）に開設。2016年10月には東京にも竣工。

現在、同施設を運営する社会福祉法人こころの家族理事長。韓国・社会福祉法人共生福祉財団会長。社会福祉法人尹鶴子共生財団会長。

● 八田靖史（はった　やすし）

コリアン・フード・コラムニスト。慶尚北道、および慶尚北道栄州(ヨンジュ)市広報大使。ハングル能力検定協会理事。1999年より韓国に留学。韓国料理の魅力を伝えるべく、2001年より雑誌、新聞、WEBで執筆活動。トークイベントや講演、企業向けのアドバイザー、韓国グルメツアーのプロデュースなど。

著書:『韓国ドラマ食堂』（イースト・プレス）、『目からウロコのハングル練習帳』（学研）、『韓国行ったらこれ食べよう！』『韓国かあさんの味とレシピ』(誠文堂新光社)ほか多数。ウェブサイト「韓食生活」（https://www.kansyoku-life.com/）、YouTube「八田靖史の韓食動画」を運営。

＊日韓記者・市民セミナー　ブックレット７＊

「キムチと梅干し」
日韓相互理解のための講演録

2022年3月10日　初版第1刷発行

著　者――――権鎔大、尹基、八田靖史
編集・発行人―裵哲恩（一般社団法人ＫＪプロジェクト代表）
発行所――――株式会社 社会評論社
東京都文京区本郷2-3-10
電話：03-3814-3861　Fax：03-3818-2808
http://www.shahyo.com
装丁・組版――Lunaエディット.LLC
印刷・製本――株式会社 プリントパック

日韓記者・市民セミナー ブックレット創刊号

『特集 日韓現代史の照点を読む』

加藤直樹／黒田福美／菊池嘉晃

A5判 一一二頁 本体九〇〇円＋税

二〇二〇年八月一五日発行

コロナの時代、SNSによるデマ拡散に、虚偽報道と虐殺の歴史がよぎる中、冷え切った日韓・北朝鮮関係の深淵をさぐり、日韓現代史の照点に迫る。関東大震災朝鮮人虐殺、朝鮮人特攻隊員、在日朝鮮人帰国事業の歴史評価がテーマの講演録。

第2号

『ヘイトスピーチ 攻防の現場』

石橋学／香山リカ

A5判 一〇四頁 本体九〇〇円＋税

二〇二〇年一一月一〇日発行

川崎市で「差別のない人権尊重のまちづくり条例」が制定され、ヘイトスピーチに刑事罰が適用されることになった。この画期的な条例は、いかにして実現したか？ヘイトスピーチを行う者の心理・対処法についての講演をあわせて掲載。

第3号

『政治の劣化と日韓関係の混沌』

纐纈厚／平井久志／小池晃

A5判 一一二頁 本体九〇〇円＋税

二〇二一年二月一二日発行

政権はエピゴーネンに引き継がれ、学会へのあからさまな政治介入がなされた。改憲の動きと併せて、これを「〝新しい戦前〟の始まり」と断じることは誇張であろうか。日本学術会議会員の任命拒否問題を喫緊のテーマとした講演録ほかを掲載。

第4号

『引き継がれる安倍政治の負の遺産』

北野隆一／殷勇基／安田浩一

A5判 一二〇頁 本体九〇〇円＋税

二〇二一年五月一〇日発行

朝日新聞慰安婦報道と裁判、混迷を深める徴用工裁判、ネットではデマと差別が拡散し、ヘイトスピーチは街頭から人々の生活へと深く潜行している。三つの講演から浮かび上がるのは、日本社会に右傾化と分断をもたらした安倍政治と、引き継ぐ菅内閣の危うい姿。

第5号
『東京2020　五輪・パラリンピックの顛末』
——併録　日韓スポーツ・文化交流の意義

二〇二一年九月一〇日発行

谷口源太郎／寺島善一／澤田克己

A5判　一〇四頁　本体九〇〇円＋税

コロナ感染爆発のさなかに、強行された東京五輪・パラリンピック。贈賄疑惑と「アンダーコントロール」の招致活動から閉幕まで、不祥事と差別言動があらわとなった。商業主義と勝利至上主義の顛末は「オリンピックの終焉」を物語る。

第6号
『「在日」三つの体験—三世のエッジ、在米コリアン、稀有な個人史』

二〇二一年一二月五日発行

金村詩恩／金真須美／尹信雄

A5判　一〇四頁　本体九〇〇円＋税

三人の在日コリアンが実体験に基づき語るオムニバス。「多様性」や「ダイバーシティ」が多用される日本社会で、在日三世が観る風景とは…。多民族社会に生きる在米コリアンとの出会いと体験から、母語が自身を規定し基軸となる時代の到来を展望する。そして日本人の出自でありながら「在日」として生きた稀有な個人史。民団支部の再建と地域コミュニティに力を尽くした半生を聴く。

ブックレット創刊のことば

日韓関係がぎくしゃくしていると喧伝されています。連日のように韓国バッシングする夕刊紙、書店で幅を利かせる「嫌韓」本、ネットにはびこる罵詈雑言。韓流に沸いた頃には考えられなかった現象が日本で続いています。その最たるものが在日を主なターゲットにしたヘイトスピーチです。

一方の韓国。民主化と経済成長を実現する過程で、過剰に意識してきた、言わば目の上のたんこぶの日本を相対化するようになりました。若い世代にすれば、「反日」は過去の遺物だと言っても過言ではありません。支持率回復を企図して政治家が「反日」カードを切るパフォーマンスも早晩神通力を失うでしょう。

ことさらに強調されている日韓の暗の部分ですが、目を転じれば明の部分が見えてきます。両国を相互訪問する人たちは二〇一九年に一〇〇〇万人を超え、第三次韓流は日本の中高生が支えていると知りました。そこには需要と供給があり、「良いものは良い」と素直に受け入れる柔軟さが感じられます。

コリア（K）とジャパン（J）の架け橋役を自負するKJプロジェクトは、ユネスコ憲章の前文にある「相互の風習と生活を知らないことは、人類の歴史を通じて疑惑と不信をおこした共通の原因であり、あまりにもしばしば戦争となった」「戦争は人の心の中で生まれるものであるから、人の心の中に平和のとりでを築かなくてはならない」との精神に立脚し、日韓相互理解のための定期セミナーを開いています。

このブックレットは、趣旨に賛同して下さったセミナー講師の貴重な提言をまとめたものです。食わず嫌いでお互いを遠ざけてきた不毛な関係から脱し、あるがままの日本人、韓国人、在日の個性が生かされる多文化共生社会と、国同士がもめても決して揺るがない市民レベルの日韓友好関係確立を目指します。

二〇二〇年八月

一般社団法人 KJ プロジェクトは、会費によって運営されています。日韓セミナーの定期開催、内容の動画配信、ブックレット出版の費用は、これにより賄われます。首都圏以外からも講師の招請を可能にするなど、よりよい活動を多く長く進めるために、ご協力をお願いします。

会員登録のお問い合わせは、

▶ KJ プロジェクトメールアドレス cheoleunbae@gmail.com へ